El Dios de Jesús

Rezar el Padrenuestro

Paolo Curtaz

El Dios de Jesús

Rezar el Padrenuestro

Las citas bíblicas están tomadas de *La Santa Biblia*,
San Pablo, Madrid 1988[19].

Los textos citados del magisterio de la Iglesia y documentos
pontificios están tomados de la página web oficial del Vaticano.

Título original: *Il Dio di Gesù. Pregare il Padre nostro*
Traducido por: *Mª Jesús García González*

Cubierta: Deposizione di Gesù con Nicodemo (escultura de leño), Atelier
d'arte della famiglia monastica di Betlemme, dell'Assunzione
della Vergine Maria e di san Bruno (foto Alessandro Amapani)

© PAULINAS 2024
Carril del Conde, 62 - 28043 Madrid
Tel.: 91 721 89 84 - Fax: 91 759 02 04
E-mail: editorial@paulinas.es
www.paulinas.es

PAOLINE Editoriale Libri
© FIGLIE DI SAN PAOLO - Milán

ISBN: 978-84-19408-27-3
Depósito Legal: M-1545-2024

Impreso por Gar.Vi. 28970 Humanes (Madrid)
Printed in Spain. Impreso en España

Enséñanos a orar

Dios, ¡cuánto deseamos a Dios!

Lo deseamos cuando en el caos del presente, en la confusión actual, en el aturdimiento de los sentidos que nos impiden escuchar nuestra alma, surge el grito profundo que nos habita: necesito comprender, amar, ser amado, vivir.

Si estás leyendo esta reflexión es porque ese grito interior ha sido escuchado, ha recibido una respuesta; y si no una respuesta definitiva, ha recibido una indicación.

Desde ahora (y para siempre) te has convertido en un buscador de Dios.

Y este camino consiste en fiarse de cuanto dijo el Señor Jesús, a quien hemos reconocido como el Cristo, que nos conduce a Dios. Porque nosotros no creemos «en Dios», sino en el Dios de Jesús. Él nos lleva al Padre/Madre, Él nos da el Espíritu que nos guía a la verdad completa, de Dios y de nosotros mismos (*Jn 16,13*).

Un camino que reúne a muchas personas, diferentes por su carácter, formación y experiencia, que, animadas por el Espíritu, han emprendido este camino de conocimiento de sí mismas y de Dios.

Esta comunión de buscadores, de discípulos que siguen al Maestro Jesús hijo de Dios es (debería ser, podría ser, podría convertirse) la Iglesia.

Caminos

Hay muchas maneras de vivir la experiencia del Dios de Jesús, pero todas ellas comparten algunos elementos comunes: el descubrimiento del alma, la vida interior alimentada por el silencio, la oración, la meditación, la vida exterior, que en cierto modo se convierte en reflejo de esta búsqueda al servicio del bien, de la belleza, de la vida, del perdón, del amor…

Un camino de fe compartido (confiamos) con otros hermanos y hermanas, en un momento histórico en el que ser discípulos es una opción (bastante dura, para ser sinceros) y requiere tiempo y voluntad.

Un tiempo en que la oración, diálogo íntimo con Dios que deriva y se nutre de la lectura orante de la Palabra y del discernimiento de los signos de su presencia en nuestra vida, nos es necesaria para permanecer anclados, firmes, creyentes.

Porque este es el tiempo de creer, no de ceder.

Tiempo de esencia, de sustancia, de ascesis (bella y sana, es decir, *católica*).

Tiempo de meditar y de orar, de hacer que el cristianismo regrese a sus raíces, para reiterar lo que es: un camino de conocimiento de (en) Dios.

Volver a orar, alimentar la vida interior con la oración diaria, hacer que nuestra existencia se convierta en una zarza ardiente que da calor e ilumina: esto es lo que estamos llamados a hacer, hijos inquietos y agobiados de nuestro tiempo.

Pero lo sé, yo también lo he experimentado: es un verdadero reto aprender a orar, a orar a diario, a otorgar un papel a la interioridad entre las miles de cosas que debemos/queremos hacer. Sobre todo, hay que hacer espacio mental, para que la oración fluya en nosotros, para que desde la oración cotidiana emane un acercamiento *elevado* y *diferente*.

Es muy hermoso ver como en el camino humano hay muchos acercamientos al mundo interior y que, en las diferentes manifestaciones religiosas a lo largo de la historia y de la civilización, hay elementos comunes, como, precisamente, la ritualidad y la vida de oración.

En todas las experiencias religiosas encontramos el rezo de jaculatorias, un espacio para el silencio, el establecimiento de tiempos y lugares dedicados a lo *sagrado*. Así nos ocurre también a nosotros, discípulos del Señor.

Pero ¿hay algo específico de la oración cristiana?

Sí, por supuesto, tanto en el destinatario de la oración —no una divinidad genérica, sino un Dios que se ha narrado a sí mismo y que nos llama a una relación con Él— como en la manera de relacionarnos con Él, que el Señor Jesús describió ampliamente, por ejemplo, en las secciones del evangelio de Lucas dedicadas a la oración, en los capítulos 11 y 18.

A quién orar

Lucas se refiere (y muy ampliamente) a la oración. El suyo es el Evangelio que hay que dar personalmente a quien quiera iniciar un camino de oración. Es el Evangelio que debemos leer si queremos aprender a orar o intensificar nuestra vida interior.

La primera y la última página de su texto describen dos escenas de oración en el templo de Jerusalén: el anuncio del nacimiento de Juan Bautista al sacerdote Zacarías (*1,5-22*) y los discípulos que, tras la ascensión de Jesús, «estaban continuamente en el templo bendiciendo a Dios» (*24,50-53*). Y precisamente las oraciones que pasaron a formar parte cotidiana de la liturgia de la Iglesia —el *Benedictus* de Zacarías (*1,67-79*), el *Magníficat* de María (*1,46-55*) y el *Nunc dimittis* de Simeón (*2,29-32*)— nos han sido transmitidas desde las primeras páginas del Evangelio de Lucas.

Este Evangelio nos describe a un Jesús que ora incesantemente, sobre todo en los momentos más importantes de su ministerio. En el momento de su bautismo en el río Jordán: «Después de bautizar Juan al pueblo y a Jesús [...] Jesús estaba orando» (*Lc 3,21*); tras una jornada de predicación: «Pero Él se retiraba a los lugares solitarios para orar» (*5,16*); cuando elige a sus doce apóstoles: «Por aquellos días fue Jesús a la montaña a orar; y pasó la noche orando a Dios. Cuando llegó el día, llamó a sus discípulos» (*6,12-13*); antes de la confesión de fe de Pedro: «Un día [...] Jesús estaba orando en un lugar retirado»

(*9,18*); en el momento de su transfiguración en el monte: «Mientras Él oraba, cambió el aspecto de su rostro» (*9,29*); cuando enseña a sus discípulos a orar: «Jesús estaba orando en cierto lugar» (*11,1*); en el Huerto de los olivos, la noche antes de su pasión: «Él se apartó de ellos como un tiro de piedra, se arrodilló y se puso a orar» (*22,41*). Al igual que también reza sobre la cruz cuando está a punto de morir: «Padre, perdónalos, porque no saben lo que hacen» (*22,34*) y «Padre, en tus manos encomiendo mi espíritu» (*22,46*).

¿Por qué tengo que rezar? ¡Tengo muchas cosas que hacer! ¡Mejor actuar que rezar!, me oigo decir.

La razón principal por la que estamos invitados a rezar es precisamente para imitar a Jesús, de quien quiero ser discípulo: rezo porque la vida del Señor estaba impregnada de oración. Y la acción es consecuencia de la oración, saca de la oración la fuerza para amar. *Orar* y *servir* son, en Lucas, los dos verbos del discípulo.

Discípulo que, en la oración y en el hacer, imita a Cristo.

Dirigidos a un Padre

Jesús nos revela el rostro del Padre: a Él dirigimos nuestra oración.

No a un déspota caprichoso, no a una persona poderosa a quien hayamos de convencer (*Lc 11,1-13*).

Nos hemos convertido en hijos, en familia de Dios, nos ha dicho san Pablo (*Ef 2,19*), Dios nos trata como trata a su hijo amado. Un buen padre sabe qué necesita su propio hijo, no deja que sufra, no lo abandona, no lo ignora.

Muchas de nuestras oraciones no son escuchadas porque se han equivocado de destinatario: no se dirigen a un padre, sino a un padrastro o a un antipático tutor a quien pedimos algo que pensamos que en realidad se nos debe.

Jesús es perentorio y determinante cuando afirma que lo que pidamos se nos dará.

Os confieso algo que he descubierto en mi pequeña vida: con frecuencia pedí y no se me concedió. Y entonces, en esos momentos, me sentí desalentado. Hoy, con la distancia de los años, sé que obtuve todo lo que realmente necesitaba y que, a menudo, no era lo que pedía.

Orar con Jesús, orar al Padre y Dios de Jesús, significa, ante todo, creer que se preocupa por nosotros, que hay una lógica en lo que hace, en el pleno respeto de nuestra libertad; que Dios se ocupa de los pájaros (*Mt 10,29*), que se venden solo por unos cuartos.

Y que se ocupa de mí.

Merece la pena insistir, como quien va en mitad de la noche a pedir pan a su vecino (*Lc 11,5-8*). Cuando oramos nos dirigimos a un amigo. Y lo hacemos para pedirle algo que alimente a los huéspedes de nuestra vida, no para ganar la Liga europea de fútbol.

Nosotros pedimos al Padre y Él nos envía al Espíritu Santo (*Lc 11,13*).

A decir verdad, preferiríamos que escuchara nuestras peticiones y se quedase Él con el Espíritu…

¡Pero no funciona así! Porque a la luz del Espíritu podemos ver, en nuestra vida, de qué manera escucha Dios nuestras peticiones. Que casi nunca es como querríamos nosotros que nos escuchara.

Al pueblo hebreo que huía y era perseguido y pedía ser liberado de los carros del Faraón, Dios le muestra un camino en medio del mar (*Sal 77,20*). A Agar la egipcia, concubina de Abrahán, que fue expulsada al desierto con su hijo Ismael y estaba a punto de morir de sed, Dios le hace descubrir un pozo (*Gén 21,19*).

La oración es una conversación íntima, un intercambio de opiniones, un entendimiento mutuo. No es una lista de la compra, ni un intento de soborno, ni una letanía para atraer la buena suerte.

Concebimos la oración como una serie de fórmulas para la buena suerte, pero la oración es ante todo escucha, la escucha de Dios, e intercesión, intercesión por el mundo, no solo por mis propias necesidades.

Enséñanos a orar

Lo mismo nos pasa a nosotros hoy: solo aprendiendo a orar podemos rastrear la presencia de Dios en nuestro día a día; solo permaneciendo en él conseguiremos mantener la fe y hacer que sea efectiva para nuestra vida. En un mundo fragmentado en el que la interioridad, antes incluso que la fe, se cuestiona y se humilla, obligados como estamos a llegar a fin de mes, forzados a someternos a disparatados ritmos de trabajo, es difícil conservar la fe y, con ella, la serenidad.

La participación festiva en la Eucaristía por sí sola corre el riesgo de no ser suficiente para mantener viva en nosotros la llama de la fe: necesitamos la (buena y sana) costumbre de la oración cotidiana, de la meditación semanal, del encuentro prolongado, en el silencio, con el Señor.

Es cierto: no somos monjes de clausura y vivimos en el mundo, pero quien vive la experiencia de la oración y sabe que a veces es necesaria mucha determinación para encontrar el tiempo y el espacio mental para acceder a ella, da testimonio de la transformación que ha experimentado su propia vida. Dedicar aunque solo sean diez minutos al día (de los 1.440 que lo componen, ¡menos del 1%!) nos permite fijarnos un objetivo, orientar nuestra vida, comprender todo lo que nos sucede.

Jesús no nos enseña *oraciones*, sino qué es *la* oración.

¿Por qué no aprender a orar? ¿O a crecer en la oración cristiana?

Desconfía de quien te propone un único modelo de oración.

La oración comunitaria por excelencia es, sin duda, la eucaristía. Y el rezo de los Salmos, el que ha marcado la vida comunitaria de numerosas congregaciones religiosas y, más recientemente, la de muchos fieles laicos. Pero la oración personal, ya sea el rezo del Santo Rosario meditado, la meditación de las lecturas del día, la recitación del Breviario, la *lectio divina* sobre un fragmento del Evangelio, debe tener las mismas mínimas características.

Intento de elaborar un protocolo

Hay algunos elementos esenciales en cada tipo de oración.

La oración me necesita sobre todo a *mí*.

Necesita mi *yo* auténtico: ante Dios no podemos colocarnos una máscara, fingir que somos devotos, pretender que somos santos; ante él podemos/debemos ser nosotros mismos hasta el fondo: Dios no juzga, nunca. Dios no puede más que amar.

De ahí que podamos orar aunque no tengamos ganas o estemos enfadados con nosotros mismos y con Dios. Sí, aunque estemos enfadados con Dios: ¡los Salmos están repletos de momentos de tensión y de quejas dirigidas a Él! Como en una sólida relación afectiva, hay momentos en los que no nos soportamos. Y nos lo decimos.

La oración requiere un *tiempo*.

Al principio basta con diez minutos al día. Conviene escoger el mejor momento, cuando consigamos estar solos, sin el móvil y sin ruidos. Escojamos, si es posible, un momento en el que más en forma estemos: por la mañana si tenemos la presión alta y somos mañaneros, por la noche si estamos más activos a esa hora, a media mañana si en ese momento ya estamos lo suficientemente despiertos y aún no estamos demasiado cansados… A lo largo del día, diez minutos es muy poco, pero pueden convertirse precisamente en el encuentro que nos cambie la vida, el momento en el que abrimos la ventana que se abre a lo Eterno. Como si, paseando por las calles de nuestra ciudad, levantásemos la tapa de una alcantarilla y descubriéramos que bajo nuestros pies está el océano.

La oración requiere un *lugar*.

Es útil elegir un rincón concreto de la casa donde poner la Biblia, una imagen, una vela, quizá incluso una foto nuestra donde se nos muestre enfadados: así podemos también encomendar al Señor al niño caprichoso que hay en nosotros.

Si no conseguimos orar en casa, podemos inventarnos lugares poco comunes, capillas improvisadas: el coche mientras vamos a la oficina, el metro, el triste jardincito próximo a la oficina donde, nos aislamos unos minutos después de habernos tomado el bocadillo durante el descanso del almuerzo. ¡Cualquier lugar puede convertirse en *templo*!

Y Dios busca a esos adoradores, en espíritu y verdad (*Jn 4,23*). Qué hermoso sería, especialmente en las grandes ciudades, encontrar todavía alguna iglesia abierta en el descanso para el almuerzo o después de la cena…

La oración requiere una *palabra que pronunciar*.

Palabras dichas con el corazón: para encomendar nuestra vida, para recomendar a las personas con las que nos encontramos, para pedir ayuda, para expresar todo nuestro malhumor, para entonar las *gracias,* para callar, para desquitarnos con Dios. Una palabra auténtica, una palabra que provenga de lo más profundo del corazón.

La oración requiere una *Palabra que recibir*.

La que nos da Dios, antes o después de nuestras palabras.

Personalmente prefiero y sugiero la Palabra del día, que hoy tenemos al alcance de la mano incluso a través de nuestro smartphone. Podemos buscar las lecturas que, en todos los lugares del mundo, van a leerse en las misas feriadas, haciéndonos entrar en comunión con la gran Iglesia, con un chino o un misionero en África, con un ruso o una monja de clausura.

Esta *es* la Palabra que Dios nos da ese día. Puede que no la comprendamos de inmediato, pero es la que, puesta en el corazón, dará fruto. Al final nos dirigimos al Padre con la oración más valiosa y podemos concluir con un Salmo, quizá el responsorial del día, o encomendarnos a María. Unos pocos minutos que pueden hacer fecunda nuestra jornada.

La oración

Es la oración cristiana por excelencia, la única que enseñó directamente el Maestro, el vértice de la oración cristiana que no tiene comparación, la síntesis del Evangelio, la oración esencial, que alimenta el alma, que nos abre de par en par el misterio de la vida divina.

Es la oración que el Maestro da a sus discípulos, tal como Juan el Bautista había enseñado a los suyos a orar:

> Jesús estaba orando en cierto lugar. Cuando acabó, uno de sus discípulos le dijo: «Señor, enséñanos a orar, como Juan enseñó a sus discípulos».

Lucas 11,1

No hay en la Iglesia ninguna otra oración tan sencilla y completa, tan fundamental. Ninguna. Esto lo entendieron bien, a lo largo de los siglos, los maestros de la fe: El *Padrenuestro* es la «síntesis de todo el Evangelio» (Tertuliano), «la oración perfectísima» (Tomás de Aquino).

Por eso tendría que estar siempre en el centro de nuestra oración personal, por eso está siempre presente en toda oración comunitaria. Jesús no enseñó *oraciones* a sus discípulos, sino que les enseñó *a orar,* para que, por medio de la oración, nos pongamos a la escucha, sintonicemos nuestra alma, nos pongamos ante el Dios que hemos reconocido en Jesús.

Todos los apóstoles, los discípulos, hombres y mujeres, sabían oraciones, seguían las celebraciones durante las fiestas litúrgicas. Hasta cuatro veces al día el judío devoto pronunciaba las dieciocho bendiciones *(Amidah),* las mujeres de la casa encendían solemnemente las velas cuando salía la primera estrella que señalaba el inicio del solemne *Sabbath*…

Pero ver a Jesús, en medio de la noche, levantarse para ir a orar impresionó a sus discípulos, hasta tal punto que le pidieron poder ser partícipes de esta experiencia, y recibieron la perla preciosa: la enseñanza del *Padrenuestro*.

Un don

El *Padrenuestro* se reza con atención y estupor, como hacían los catecúmenos en el pasado. Quien se preparaba para recibir el bautismo y para convertirse en discípulo iniciaba un camino de preparación intenso y emocionante. Pero los catecúmenos no conocían la oración del Señor, que se mantenía en secreto. Sabían de su preciosa existencia, pero solo en un determinado momento del camino, después de haber acogido los Evangelios y el Símbolo de la fe (lo que nosotros hoy llamamos *Credo apostólico)*, se les enseñaba la oración del Maestro para que la aprendieran y la meditaran mucho tiempo.

Para los catecúmenos suponía un *crescendo* de curiosidad y de espera, hasta la noche de Pascua. Y entonces, después de tres años de camino, una vez salidos de la pila bautismal, convertidos en criaturas nuevas, recibían el Crisma mientras entraban en la iglesia para participar por primera vez en la Cena del Señor, y recitaban con la comunidad la oración de los hijos de Dios, de los resucitados, de los renacidos.

¡Cuánta emoción debían sentir al recitar por primera vez junto a los hermanos y hermanas en la fe la palabra *Padre*!

La Iglesia coloca la oración del Señor en el centro de la celebración, y la celebración de la Cena del Señor ilumina las siete peticiones que hacemos durante la oración, peticiones que ya han sido escuchadas y que alcanzarán su plenitud en la venida del Señor.

Las siete peticiones, tres de las cuales se refieren a Dios y cuatro a nosotros, sintetizan toda oración de petición. Deseamos que todas las personas reconozcan el nombre de Dios como «santo», que el Reino ya inaugurado llegue a su cumplimiento, que la buena voluntad de Dios se cumpla en el mundo.

Para nosotros pedimos el pan de cada día, pedimos ser capaces de perdonar y ser perdonados, de no caer en la tentación y de ser librados del Maligno.

Tomemos de nuevo y meditemos la única oración que el Señor nos ha dejado, preciosa e intensa. Hagamos que florezca en nuestro corazón para que sea la brújula que oriente nuestra navegación por el mar de la vida.

Padre nuestro que estás
en el cielo

El ser humano busca la verdad, el sentido de su existencia; la fe, la religión, es precisamente la respuesta a esta búsqueda. Como bien han demostrado los estudiosos de las diversas religiones del mundo, la percepción de lo trascendente está siempre en tensión entre la fascinación y el miedo.

También en la Biblia encontramos esta dicotomía: el Dios que se revela es *el totalmente otro,* el Dios al que no se puede mirar a la cara, el Dios creador que supervisa la historia, pero que, al mismo tiempo, es también el Dios que ve el sufrimiento del pueblo reducido a la esclavitud (*Éx 3,7-10*), que desea salvarlo, que ama la humanidad como una madre que levanta a su hijo hasta su mejilla (*Os 11*) y que no se olvida de la criatura que lleva en su vientre (*Is 49,15*)...

Jesús replantea esta idea: sí, Dios es misterioso, omnipotente y omnipresente, pero ha decidido, por amor, revelarse a nosotros, entregarse, darse, hacerse accesible en Él, el Cristo.

Dios es misericordioso y compasivo: a esta conclusión llegaron algunos profetas del pueblo de Israel.

Pero Jesús, con la oración del *Padrenuestro,* se atreve a mucho más, va más allá.

Enseña a sus discípulos que también nosotros, en él, somos hijos.

Hijos adoptivos, no siervos, que sienten la familiaridad con Dios.

El nombre de Dios

A Dios se le llama con diferentes nombres a lo largo de la historia de Israel: desde el antiguo *El Shaddai,* el Dios de las alturas, a *Elohim,* el poderoso, el fuerte, hasta el nombre que se le reveló a Moisés, *JHWH,* que tiene muchos significados, entre ellos *Yo soy el que está presente para ti.* Pero en el texto sagrado encontramos otros términos para referirse a Él: *El Chai,* el Dios vivo; *Kol,* el todo; *Ein Sof,* el infinito…

Todos estos términos indican fuerza, potencia, respeto, alteridad, estupor ante la trascendencia.

Pronunciar las cuatro difíciles consonantes que se entregaron a Moisés, el sagrado tetragrama, estaba prohibido (*Éx 20,7*): constituía una culpa grave, castigada con la lapidación; si se escribían, no podían destruirse, sino solo dejar que se consumieran por la acción del viento. Durante la lectura de los textos sagrados en la sinagoga, el tetragrama se sustituía por el término *Adonai*, mi Señor. Esto indicaba un enorme respeto, sí, pero también distancia y temor.

Por eso podemos imaginarnos el estupor (el escándalo) de los apóstoles al escuchar que el Maestro nombraba a Dios no con los altisonantes títulos de la tradición judía, sino con el infrecuente —y nunca antes aplicado a Dios— *abba*.

Exagera

No el común *Padre de Israel* (*Si 23,1.4; 51,10*), título que también indica distancia. No.

Jesús exagera al comenzar su oración con el particular *abba*.

Abba, papá, papi, papaíto. Pero también *mamá, mamaíta, mami*. Un término cariñoso que indica intimidad, que es casi el balbuceo de un niño, la primerísima palabra que los niños, en todas las lenguas del mundo, aprenden a pronunciar repitiendo dos sílabas. Jesús recurre a nuestra experiencia como hijos para reflejar la relación que podemos tener con Dios, para superar la distancia que instintivamente ponemos entre nosotros y la divinidad.

Jesús nos desvela que Dios es padre y madre: un padre *bueno,* una madre *buena*. Dios no es padre y madre como lo fueron mis progenitores: presentes, pero también vulnerables; atentos, pero también egoístas. Posiblemente mis padres, yo como padre, puedo tratar de parecerme a Dios.

A muchos de nosotros nos cuesta mucho llamar a Dios *padre* precisamente por la experiencia negativa y traumática de la paternidad. Y, hemos de reconocerlo, el papel del padre, en los últimos siglos, ha sido objeto de constante denigración, señalado como causa de todos los males. La idea del padre como figura autoritaria, reaccionaria, dura, excesivamente conservadora, ha inflamado la imaginación de muchos adolescentes. Y, con frecuencia, nuestra sociedad ha caricaturizado la paternidad con rasgos negativos y preocupantes.

Repito con fuerza: Dios no es padre como lo soy yo. Quizá yo, si convierto mi corazón, si me meto en la escuela de Dios, pueda tomarlo como modelo de acogida y compasión. Dios es padre/madre porque continuamente genera la vida.

Llámalas si quieres emociones

Si en la vida hemos amado o somos amados, si deseamos amar, entonces sentiremos una pizca del amor de Dios. Jesús desplaza la atención de la teología a la emoción, del razonamiento a la experiencia directa.

Dios nos ama, al igual que nos sentimos fascinados y atraídos por una persona que amamos. Como un padre/madre que se alegra al ver a su propio hijo. La emoción que un progenitor experimenta al abrazar por primera vez a su primer hijo es la misma emoción que experimenta Dios cuando me ve. Soy amado desde toda la eternidad (*Jer 31,3*).

Por analogía, podemos hacer de nuestra experiencia como padres un modelo para acercarnos a Dios. Como hijos, subrayando los gestos de dedicación, de afecto, de atención que nuestros padres tuvieron y tienen con nosotros y atribuyéndoselos a Dios. Como padres, experimentando las dificultades de la educación y de las dinámicas subyacentes a ella, pensando que para corregirnos, para educarnos, en el absoluto respeto de nuestra libertad, Dios padre/madre se preocupa por nosotros y nos ayuda, como nosotros hacemos con nuestros hijos.

Esta transformación es extraordinaria: ahora todo es simple, claro, comprensible, Dios nos alcanza por medio de nuestro lenguaje, el de la relación y los afectos.

Si tenemos una bonita familia, si deseamos convertirnos en un «buen» padre y una «buena» madre, si, al menos una vez, nos hemos enamorado perdidamente, comprendemos perfectamente qué significa afirmar que Dios es padre, madre, esposo, esposa…

Perdona si es poco

Descubrir que Dios es mi padre/madre, revelación que solo hemos podido tener en Jesús, significa reinterpretar nuestra vida y nuestra misión de manera completamente diferente. Somos hijos del gran Rey, somos hijos de Dios.

Esta es la certeza de la que deriva nuestra fe: tengo valor, he sido pensado y amado desde siempre, estoy custodiado en el mismo corazón de Dios, me descubro amado y elijo amar.

Puedo convertirme en un gran erudito, puedo hacer fortuna, tener una vida espectacular y envidiada. O pasar dificultades y tener que luchar, no conseguir ninguno de mis sueños: poco importa, ser hijo de Dios es lo más importante que voy a llegar a ser, ¡y ya lo soy!

Cada vez que estoy en presencia de Dios y pronuncio la oración de los hijos, me doy cuenta de mi dignidad, de mi tarea, de mi papel.

Es decir: hoy doy una mano a Dios, mi padre/madre, para construir su proyecto en el mundo, amando. Soy hijo del gran Rey, y nada puede desestabilizarme realmente.

No solo mío

Dios es padre/madre, pero esto no es exclusivamente mío.

No es un Dios solo «mío», yo no soy un hijo único, mimado y consentido, no soy el centro del universo. Soy precioso y amado, sí, pero no estoy solo. Jesús me revela, en la oración, que tengo hermanos y hermanas que, al igual que yo, viven la experiencia de la ternura de Dios.

Nos asusta la soledad porque hemos sido hechos a imagen y semejanza de Dios, que es Trinidad, es decir, comunión realizada. La soledad nos resulta insoportable porque niega nuestra naturaleza profunda, porque deforma nuestra identidad.

Dios nos creó pensándonos en relación. Pero, como bien sabemos, no es fácil entrar en comunión. ¡Cuánta soledad experimentamos en nuestra vida! Aunque tengamos una familia, aunque tengamos muchas relaciones sociales, a veces sentimos una lejanía que ni las relaciones familiares consiguen llenar.

¡No estamos solos! Cada vez que oramos, con fe, sentimos cerca la presencia de muchos que, como nosotros, buscan a Dios y en Jesús, hacen experiencia de él.

La comunidad de los hijos

Por eso la relación con Dios es siempre un «nosotros», por eso Dios nos pide que experimentemos la cruz de ser y llegar a ser Iglesia. Cruz, porque desearíamos entrar en comunión pero, a menudo, no aceptamos la confrontación, nos da miedo la diversidad. Nos gustaría una Iglesia hecha de personas que fueran fotocopias nuestras, el espejo de nuestro *ego* espiritual.

Pero la Iglesia es alteridad, diversidad, confrontación, es como un cuerpo compuesto de muchos miembros, cada uno de los cuales tiene una función específica para el bien de todo el organismo. Salir de la soledad significa renunciar a poner el «yo» en el centro, como criterio de valoración de toda la realidad.

Si la primera afirmación, *abba,* sorprende por su novedad, la segunda, *nuestro,* nos inquieta porque nos obliga a la conversión. ¡Solo juntos podemos vivir la experiencia de la paternidad/maternidad de Dios! Una experiencia que nos abre a un nuevo modo de ver las relaciones humanas.

Con frecuencia las personas se buscan y entran en contacto porque tienen intereses comunes. La Iglesia no es así: no es el club de los creyentes, el grupo de quienes se interesan por las cosas espirituales. La Iglesia está congregada por Dios, reúne la diversidad, forja la comunidad armonizando las asperezas. Desde este punto de vista, convertirse en Iglesia requiere una conversión permanente. No es el gusto por congregarse, ¡sino el saber que somos hijos del mismo Padre!

Igual que no elegimos a nuestros hermanos de sangre, tampoco nos elegimos en la Iglesia, ¡es Dios quien nos ha elegido! Conseguimos amar (con esfuerzo) a los demás porque somos hijos del mismo Padre. Nuestro amor es un amor teológico, que supera las emociones, que va más allá de las sensaciones, que busca un punto de apoyo y un fundamento en lo esencial.

Así, ese *nuestro* nos proporciona una indicación concreta: se puede construir un mundo diferente, se pueden construir relaciones entre las personas yendo a la fuente de nuestra existencia, que es Dios.

Dialogar, confrontarse, razonar, acceder a la misma experiencia de vida es el único camino para construir un mundo nuevo del que la Iglesia sea primicia y profecía. Porque nos descubrimos como hijos.

Profecía

En esto puede convertirse (ser) la Iglesia: anticipo del Reino, página publicitaria de la nueva humanidad, profecía de una tierra nueva en la que la justicia tendrá morada fija.

En este tiempo entre la venida de Jesús a la historia y su regreso en la gloria se nos confía el Evangelio para que digamos, a veces también con las palabras, a todos aquellos con los que nos encontremos que Dios los ama y desea su bien.

Creemos en un Dios feliz que nos quiere felices, que no la toma con nosotros.

Un padre de la Iglesia, Doroteo de Gaza, compara la Iglesia con la rueda de un carro: Cristo es el perno y nosotros los radios. Cuanto más se acercan los radios al centro, más se acercan entre sí. Cuanto más nos acercamos a Cristo, más nos acercamos unos a otros.

Rezar (¡escuchando lo que decimos!) el *Padrenuestro* nos ayuda a salir de la soledad y de la autorreferencialidad. Significa construir el sueño de Dios, que es la Iglesia.

Rezar el *Padrenuestro* en la privacidad de mi habitación me permite entrar en armonía con centenas de miles de hermanos y hermanas en la fe que comparten mi misma experiencia de vida. Significa descubrirse parte de una comunidad de fe extendida por todos los continentes, diferentes, como lo son los hermanos, pero unidos en la misma experiencia. Significa experimentar la dicha de ser hermano, hermana y madre del Señor porque escuchamos la Palabra, significa saborear la emoción de ser conciudadanos de los santos y familiares de Dios.

En el cielo, es decir, *celado*

Dios es papá. Dios es mamá. Pero también padre y madre, en el sentido más autorizado del término.

En esta primera afirmación Jesús nos introduce en la naturaleza profunda de Dios y nos desvela también nuestra naturaleza.

La segunda afirmación define mejor la identidad de Dios: Él es el celado, el escondido.

«Que estás en el cielo», es decir, que estás en otra parte y presente, que estás celado, que estás presente y ausente, que está ya pero todavía no. Que podemos conocer y amar, y buscar y esperar.

Que eres el inquieto y el peregrino, el caminante y el derrotado. Que creemos poseer, pero nos damos cuenta de que no lo conocemos de verdad.

El *cielo,* en la Biblia, no indica un lugar físico, sino que describe una de las características de Dios, la de estar por encima, en otro lugar, más allá, en todas partes.

Y es el misterio que experimentamos continuamente: emprendemos un camino de fe y, en determinados momentos, percibimos la presencia de Dios, hacemos experiencia de ella. Pero en otros momentos nos parece que no creemos, que no estamos percibiendo ya su presencia. Y entramos en crisis.

¡Uf!

Pero ¿por qué no vemos a Dios? ¿Por qué no es visible?

¿No sería mucho más simple? ¿No sería menos complicado ver a Dios sin tener que buscarlo como si estuviéramos jugando al escondite?, ¿como si fuera (y es) una búsqueda del tesoro?

Porque, si fuera visible, estaríamos «obligados» a ceder ante su belleza, estaríamos obligados a creer.

Dios se ha ocultado para dejar libres a sus hijos. El amor solo puede dejar libres, ¡no obliga a ser amado! La ausencia de Dios revela su sentimiento profundo, su naturaleza: somos tan libres ¡que podemos rechazarlo!

Si Dios existe, y existe, tal como lo revela la Escritura, solo puede estar oculto.

Somos los que buscamos, somos buscadores de Dios. Y nuestra vida, si la miramos bien, si la observamos desde un lado y desde el otro, es exactamente eso: un constante descubrimiento, un constante caminar.

Nuestros hermanos judíos se atreven todavía a más: en la tradición de interpretación de la Escritura, una corriente de pensamiento del judaísmo moderno apoyada por los rabinos *hasidim* afirma que Dios se ha retirado para permitir que el universo exista, se ha echado a un lado para dejar «espacio» al universo.

Por eso el universo está repleto de la ausencia de Dios. Como un ladrón poco hábil, ha dejado muchas pistas en la creación para que podamos llegar a conocerlo.

Curiosos

Dios está presente y activo, pero con discreción y moderación.

Dios es tímido y reservado, pero está presente en todas partes: en la obra de la creación, en el amor que vincula al hombre y la mujer, en la alegría de un hijo, en la escucha de un amigo.

Dios no es visible, no es patente, no irrumpe, no invade, no obliga. Es una presencia sutil que solo un oído atento consigue percibir (*1Re 19,12*). Y está tan enamorado de nosotros, de la humanidad que ha creado con gesto de amor y libertad, que nos ha dejado libres. Y ha puesto en lo más profundo de nuestro corazón un destello de su presencia, un anhelo infinito de absoluto, una sana y santa inquietud que nos confiere dignidad y moderación, que nos anima a ir más allá, que nos hace ser conscientes y darnos cuenta de lo que somos: buscadores de absoluto.

La oración del Maestro nos señala un horizonte: Dios Padre/Madre habita en el más allá, en la plenitud, pero podemos hacer experiencia de Él convirtiéndonos en discípulos suyos.

La oración del Señor, y, por tanto, la oración de quien se descubre hijo de Dios, nos revela el verdadero rostro de Dios, de un Dios que ama y reúne, que respeta a sus hijos y los invita a buscar, a descubrir, a vivir, a florecer. ¡Qué maravilla!

Además: este inicio da la pauta y la medida de todo lo que sigue. Y solo comprendiendo que Dios es padre/madre podemos dirigirle la palabra, atrevernos.

Debemos repetir mentalmente:

> Padre nuestro que estás en el cielo,
> Santificado sea tu nombre *de Padre*.
> Venga a nosotros tu Reino *de Padre*.
> Hágase tu voluntad *de Padre*
> en la tierra como el cielo.

Danos hoy, *Padre,* nuestro pan de cada día.
Perdona, *Padre,* nuestras ofensas
como también nosotros perdonamos
a los que nos ofenden.
Y, como eres Padre,
no nos dejes caer en la tentación
y, *como eres Padre,* líbranos del mal.

Jesús nos desvela que somos hijos de un papá secreto. Y también que somos buscadores. Toda nuestra vida se convierte en búsqueda. Podríamos llegar a decir: *Padre nuestro que estás oculto y que nos obligas a buscar.* Pero qué pocos quieren buscar.

Santificado sea tu nombre

Somos hijos, somos buscadores.

Pero ¿qué estamos llamados a descubrir? ¿De qué cosas estamos llamados a hacer experiencia? De la santidad de Dios, que es lo que lo diferencia, lo que lo identifica.

Pero, dado que somos hijos, dado que hemos interiorizado ese «nosotros», la oración se prolonga y se convierte en intercesión: que todas las personas vean tu santidad, que todas las personas hagan la experiencia de que eres el *kadosh,* el totalmente otro, el magnífico, el esplendor absoluto.

Que todas las personas vean tu belleza, como también nosotros hemos visto tu belleza reflejada en los ojos del Nazareno, tu Hijo bendito, venido a la tierra para hablarnos de ti y morir por amor.

Que todos los seres vivos experimenten la salvación, que es la conciencia plena y perpetua de que somos amados y podemos amar.

¿Vivir, para qué?

La oración alcanza lo más profundo de nuestra alma, se nos revela a nosotros mismos, nos abre a la estancia secreta de nuestro corazón. Y nos cuestiona, nos sacude, nos impulsa.

¿Por qué vivo? ¿Qué estoy haciendo en esta tierra? ¿Qué sentido tiene mi existencia?

La catequesis del mundo nos engaña al proponernos soluciones aparentemente fáciles pero inalcanzables: la felicidad está vinculada al bienestar, a la opulencia, al éxito, a la salud... ¡Nos extenuamos tratando de parecernos a los modelos de felicidad que se nos proponen! Pero, hemos de admitirlo, la felicidad parece estar reservada a un grupo reducido (cada vez más reducido) de privilegiados.

Rezando el *Padrenuestro* la perspectiva se da la vuelta, y se iluminan nuestra mente y el sendero que estamos recorriendo: Dios, el gran arquitecto, el artista, el creador, quiere hacernos partícipes de su proyecto de salvación.

Puede que lleguemos a ser grandes científicos, o una estrella del mundo del espectáculo, o que vivamos una vida con pocas oportunidades, con escasos resultados, al margen de la sociedad. Poco importa: si no nos damos cuenta de que somos hijos de un Padre/Madre que nos pide que colaboremos en su extraordinario proyecto de salvación, si no descubrimos que Dios es el *Santo* y no vivimos en su luz, jamás alcanzaremos la plena realización de nuestra vida.

Jesús da la vuelta a la lógica de este mundo, pone la búsqueda de sentido en el centro de toda búsqueda, de todo itinerario vital. Las personas no se miden por sus ganancias o su notoriedad, sino por el reflejo de la santidad de Dios en su historia personal.

Al seguir a Jesús en el descubrimiento del Padre vivimos la experiencia de la santidad de Dios, que el mismo Dios ha decidido compartir. Todo se nos manifiesta con claridad: el mundo es como un magnífico mosaico del que podemos formar parte.

Imagina uno de los magníficos mosaicos de Ravena o de la basílica de San Marcos en Venecia o en Monreale: están compuestos por cientos de miles de pequeñas teselas fabricadas con pasta de vidrio o de piedra o con pan de oro. Con una característica única: si la pintura al óleo, por ejemplo, absorbe la luz, el mosaico la refleja, y así, una velita puede literalmente «alumbrar» una superficie inmensa. Pero si, por el desgaste del tiempo o por abandono, falta una parte de las teselas, se percibe de inmediato, se crea una especie de «agujero» que extingue la luz.

He descubierto que yo soy una tesela en el gran mosaico que está fabricando Dios. Tú mismo has de determinar si te sientes más como una tesela dorada de la aureola del Pantocrátor o una tesela blanca de las ovejas del mausoleo de Gala Placidia… Dios nos hace partícipes de su proyecto, desea que formemos parte de él.

A los ojos del *Santo,* cada uno de nosotros es precioso y necesario. Siervos inútiles que Dios convierte en indispensables. Descubro mi identidad reflejándome en Dios, descubro mi vocación, mi proyecto de vida en armonía con el proyecto de Dios. Siempre en total y absoluta libertad, siempre en el espacio libre en el que se mueve el amor. Lo que yo soy se ilumina cuando descubro que he sido llamado por el Santo para santificar el mundo, mi vida, mis relaciones.

Kadosh

En el Antiguo Testamento el término *kadosh* indica la alteridad de Dios, su singularidad, su estar separado, lo que lo distingue de los humanos, su ser Dios. No es sinónimo de trascendencia, porque a veces se habla de santidad en relación con su compasión y su misericordia.

Dios es el lejano que se hace accesible, que desea compartir su naturaleza divina. Crea relación, empatía, comunión. Nos llama a ser como Él, no en el sentido de que se nos suba a la cabeza (¡como a menudo sucede!) tomándonos por Dios, sino compartiendo la chispa divina que llevamos en el corazón y que Él mismo ha creado en nosotros. Dios, por tanto, desea compartirse a sí mismo con el ser humano. Así, dice a su pueblo: «Sed santos, porque yo, el Señor, vuestro Dios, soy santo» (*Lev 19,2*).

Lamentablemente, esta afirmación se ha percibido con frecuencia, en especial entre nosotros, los católicos, como si se tratase de un esfuerzo necesario. Y se ha pensado que la santidad de Dios, que se ofrece a todos, está, en cambio, reservada a unos pocos elegidos: los *santos,* precisamente, los reconocidos oficialmente, los que llevan aureola, a quienes hay que orar para pedir un favor o una gracia. No los que siguen el Evangelio, sino hermanos y hermanas un poco extraños, casi todos sacerdotes y religiosas, que han hecho cosas extraordinarias.

Pablo (o uno de sus discípulos) escribió a los habitantes de Éfeso:

> Bendito sea Dios,
> Padre de nuestro Señor Jesucristo,
> que nos ha bendecido en Cristo
> con toda clase de bendiciones
> espirituales y celestiales.
> Él nos ha elegido en Cristo
> antes de crear el mundo,
> para que fuésemos santos
> e irreprochables a sus ojos.
> Por puro amor nos ha predestinado
> a ser sus hijos adoptivos,
> por medio de Jesucristo.

Ef 1,3-5

Dejarse hacer en el amor, reconociéndonos hijos del gran Rey… Pero hemos creído (equivocadamente) que esto es muy difícil, está reservado a unos pocos y es, además, mortalmente aburrido.

Santos en el Santo

La santidad primigenia es la de Dios, y, al acercarnos a Él, en primer lugar somos seducidos, y luego contagiados. La Biblia habla a menudo de Dios y de su santidad, de su perfección de amor, de equilibrio, de luz, de paz. Él es el Santo, el totalmente otro, pero

—como decíamos— desea intensamente compartir la santidad con su pueblo.

Dios nos ve ya santos, ve en nosotros la plenitud que nosotros, contentándonos con nuestra mediocridad, no nos atrevemos ni a imaginar.

Escribía un gran literato francés, Léon Bloy: «Solo existe una tristeza: la de no ser santos». ¡Qué cierto es!

El santo es lo más bello y noble que hay en la naturaleza humana: en cada uno de nosotros existe el anhelo de la santidad, de aquello a lo que estamos llamados a convertirnos; ¡escuchémoslo! Bajemos de las hornacinas a los hermanos santos del calendario (nuestros representantes sindicales), devolvámoslos a la cotidianidad de nuestra vida, escuchémoslos mientras nos proponen caminos que nos conducen a la plenitud de la felicidad.

Los santos no son personas extrañas, hombres y mujeres machacados por la penitencia, sino discípulos que han creído en el sueño de Dios. Los santos no son predestinados, sino, más bien, hombres y mujeres como nosotros que se han fiado y se han dejado hacer por Dios. Los santos no son magos que hagan prodigios: el mayor milagro es su continua conversión. Los santos no son perfectos e impecables, sino que han tenido el valor, del que a menudo nosotros carecemos, de volver a empezar después de haberse equivocado. Los santos no son solitarios: después de haber conocido la gloria y la belleza de Dios no han tenido más que un solo deseo: el de compartirlas con nosotros.

Pidamos a los santos ayuda en nuestro camino: Pedro nos da su fe sólida como una roca, Francisco su perfecta alegría, Pablo el fervor de la fe, Teresita la simplicidad de abandonarse a Dios. Así, juntos —nosotros aquí en la tierra y ellos que ya están colmados—, cantemos la belleza de Dios.

¡Santos ahora mismo!

¿Y nosotros? Si la santidad es el modelo de la plena humanidad, ¿por qué no fijarnos este objetivo?

Santo es quien deja que el Señor colme su vida hasta permitir que se convierta en don para los demás. Rezar a los santos significa celebrar una historia alternativa, significa exaltar la asombrosa iniciativa de Dios, que quiere que seamos sus hijos, que revela nuestra vocación a ser como él: «Yo dije: "Sois dioses todos vosotros, hijos del altísimo"» (*Sal 82,6*).

La historia que estudiamos en los libros de texto, la historia que llega dolorosamente a nuestras casas, hecha de violencia y prepotencia, no es la verdadera historia. Entrelazada y mezclada con la historia de los poderosos, hay una historia diferente, alternativa, que Dios ha inaugurado y está construyendo: su Reino, en el que la justicia tendrá morada fija (*2Pe 3,13*).

Las Bienaventuranzas (*Mt 5*) nos recuerdan con fuerza cuál es la lógica de Dios. Lógica en la que se percibe claramente la diferencia de mentalidad entre Dios y los humanos: los bienaventurados, los que viven ya ahora la dicha, son los mansos, los pacíficos, los puros, los que viven con intensidad y entrega su propia vida, como los santos.

Nos corresponde a nosotros, en nuestro día a día, hacer presente y activo este Reino que el Señor ha inaugurado y que nos ha dejado como herencia.

Partícipes

Al recitar la oración de los hijos, la oración que nos ha dado el Señor, pedimos al Padre poder participar de su santidad, y que todos los seres humanos descubran el verdadero rostro de Dios, que es el rostro luminoso que Jesús ha venido a entregar.

Podremos decir: *Padre, que todo hombre y toda mujer sean capaces de descubrir que eres el Santo, y que quieres compartir tu santidad con cada uno de nosotros.*

En primer lugar, hemos descubierto (estamos descubriendo) la santidad participada de Dios, y es tan hermoso lo que estamos viviendo que desearíamos profundamente compartirlo con todos.

Porque la belleza funciona así: se multiplica si se comparte. ¿Qué hacemos con una experiencia hermosísima que no podemos compartir? Comprendo perfectamente la tristeza del poeta alemán Goethe, que escribe desde Torbole en su diario (estamos en 1787): «¡Cómo me gustaría que mis amigos estuviesen junto a mí un instante y pudieran disfrutar del paisaje que tengo ante mis ojos!».

La alegría es, por naturaleza, efusiva. Se propaga, se contagia, alcanza a los demás. Mientras rezamos, manifestamos nuestro deseo de compartir todo lo que hemos descubierto: Dios existe y es muy hermoso.

Conversiones

Porque es honesto admitirlo: a menudo tenemos una idea horrible de Dios. También nosotros, los católicos.

Es un Dios bueno y querido, pero si no respetamos sus mandamientos, nos castiga duramente y nos manda al infierno... Un Dios misterioso que en ciertos momentos desaparece o que, peor aún, es un psicópata. Un Dios que la toma conmigo.

Toda la vida es un camino de descubrimiento de nosotros mismos, del sentido de las cosas que hacemos, del amor que tanto nos fascina y que nos inquieta, del rostro de Dios. Pero este rostro suele verse deformado por nuestros miedos, por nuestras imágenes inconscientes. Y corremos el riesgo de desarrollar una idea demoníaca de Dios, una idea engañosa.

La conversión más difícil de llevar a cabo en nuestra vida consiste en pasar de la imagen pequeña y engañosa del Dios que tenemos en mente a la imagen luminosa y espléndida que Jesús ha venido a contar.

El Dios de Jesús

El Dios de Jesús es muy hermoso. Existe, y es muy hermoso.

Es un Dios feliz que me quiere feliz. Es un Dios respetuoso y adulto que me trata como adulto, que no me limpia los mocos, que no ocupa mi lugar, que se mantiene a un lado.

Estoy escuchando tu objeción: «Pero si Dios me quiere feliz, ¿por qué mi vida está llena de sufrimientos?».

El misterio del dolor es una realidad de nuestra vida, pone en crisis nuestra fe y, sobre todo, lo que acabo de escribir. Dios puede existir, ser perfecto y despiadado. Justo, pero despiadado e inflexible.

Nosotros, los cristianos, seguimos diciendo que Dios es bueno. Pero, si esto es verdad, ¿por qué existe el dolor? Es sobre todo el dolor del inocente lo que pone en duda nuestras certezas católicas. Y no busques en la Biblia los motivos del sufrimiento: no los encontrarás. Pero sí descubrirás un Dios que carga sobre sí mismo ese sufrimiento. En la cruz. Que lo transfigura poniéndolo como una etapa del camino, no como la meta definitiva.

Y, por otro lado, si observo mi vida (más bien creativa y complicada) encuentro en mí mismo este hecho indudable: todos los momentos más importantes, los que de verdad han marcado la diferencia, me han exigido esfuerzo y sufrimiento.

El hecho de que Dios desee mi felicidad y que esta felicidad pase por un camino que incluye momentos de grandes dificultades, no me escandaliza. Aunque tiendo —¡como todos!— a huir del sufrimiento, he aprendido a comprender que algunos dolores son necesarios y fundamentales para mi crecimiento (otros son inútiles y casi siempre consecuencia de mi equivocada forma de ver la vida y a los demás, y acaban por ser superados).

Cuando rezo el *Padrenuestro,* estoy pidiendo que tanto yo como los demás podamos conocer el hermosísimo rostro de Dios, el Santo. Que podamos sentir su caridad, fiarnos, confiar, florecer.

Dios no la ha tomado conmigo.

Así que rezar significa dejar de hacerme la víctima, de sentirme como Calimero, de creer que el mundo, feo y malvado, me debe algo. Significa asumir la mirada de Dios sobre mí, sobre los demás, sobre el mundo. Una mirada que santifica, que ve la presencia del Santo.

Santidad difundida

Estamos llamados a descubrir al Dios de Jesús en su ser «santo». Es el rasgo de la belleza de Dios, de su gloria, de su esplendor.

Nuestro mundo se ha vuelto feo, nos cuesta trabajo vivir en la belleza, nos cuesta trabajo encontrar cosas bellas a nuestro alrededor. A menudo se confunde lo hermoso con lo lujoso, con lo excéntrico. La belleza es reflejo de la armonía divina, y lo que es sumamente bello es también sumamente auténtico, bueno y justo.

Jesús nos invita a apreciar la sorprendente belleza de Dios. Y a rezar para que todas las personas la aprecien, superando la idea mezquina que muchos tienen de Dios. La oración, pues, modela nuestra mente, abre de par en par nuestro horizonte, nos hace ver cosas nuevas, incluso inesperadas.

En continuidad con la experiencia del pueblo de Israel, Jesús nos revela que la santidad coincide con la plena belleza, con el sumo bien, con la verdad completa. Lo que está en el vértice de la belleza también está en la bondad y en la justicia. Y todo lo que refleja lo bello, lo verdadero y lo justo emana del Santo y conduce a Él.

Así pues, para quien ha emprendido el camino del Evangelio resulta algo natural reconocer las señales de la santidad en todas partes: en las personas (¡incluso en las no creyentes!), en la naturaleza, en las obras, en los gestos, en el arte, en la música, en la literatura...

El mundo desborda semillas de la presencia de Dios, las semillas del Verbo de Dios (como escribe san Justino). Participar en la santidad de Dios significa ser radicalmente optimistas y positivos (teniendo en cuenta el defecto del propio caracter): sabemos cómo va a acabar la película, conocemos el final del libro.

Ya que conocemos el misterio conocido durante siglos, conocemos la voluntad de Dios: «Y esta es la voluntad del que me ha enviado, que yo no pierda a ninguno de los que él me ha dado, sino que los resucitará en el último día» (*Jn 6,39*).

Venga a nosotros tu reino

Qué extraña petición nos hace hacer el Señor Jesús. Qué curiosa invocación pone en los labios de sus hijos, dirigida a Dios Padre/Madre. Pedimos que venga su Reino.

Pero ¿qué significa eso? ¿Es un anhelo monárquico del Nazareno? ¿Está recordando los buenos tiempos en los que Israel, en el breve y frágil tiempo de la monarquía davídica y salomónica, se había convertido en una potencia en Oriente Medio? Y la Iglesia, que propone esta oración a los discípulos, ¿vive acaso deseando una teocracia en un mundo que siglos antes (aunque de manera limitada) tuvo esta forma de gobierno? No, por supuesto que no, hay que clarificar bien las ideas.

¿Qué es, entonces, el reino de Dios? Es donde reina Dios.

Es descubrir el gran proyecto de Dios en la historia, un proyecto bueno y de salvación. Es comprender que estamos llamados a realizar, todavía en semilla, todavía en perspectiva, todavía en embrión, la visión que Dios tiene sobre el mundo, viviendo en comunidad.

La Iglesia debería (podría) anticipar en cierto modo este Reino. O, al menos, esto es lo que Jesús deseaba cuando reunió a su alrededor a sus discípulos, hombres y mujeres, capaces de vivir la única ley que Él les dio: la de saberse amados y optar por amar con el amor con el que somos amados.

Jesús nos pide que hagamos venir el reino del Padre, que lo hagamos presente, que lo anticipemos. Es una mirada dirigida a la plenitud de los tiempos, es la invocación de la esposa, la Iglesia, frente al Esposo, el Señor Jesús. Es la esposa que dice al Esposo: «Ven, Señor Jesús» (*Ap 22,20*).

El tiempo de en medio

Esta invocación, puesta en nuestros labios, recuerda a la Iglesia la tarea que debe desempeñar en este tiempo de en medio, entre la primera venida de Cristo y su regreso al final de los tiempos.

Creemos que Dios ha creado al ser humano libremente y por amor, y que lo ha dejado libre. Luego le pidió que realizara, completara y concluyera la creación, que la llevara a plenitud. Y, para hacerlo, hizo partícipe a un pequeño pueblo, convirtiéndolo en su testigo en medio de las naciones.

Así Israel vivió la cercanía de un Dios que lo condujo a la libertad, primero a través de la liberación de la esclavitud, y luego por medio de la experiencia de los jueces y de los reyes. Finalmente, a través del don de la profecía y de los profetas. Solo que, como sabemos, esta historia, denominada historia de la salvación, ha ido alternando momentos de entusiasmo y momentos de cansancio y de alejamiento.

El rostro de Dios ha sido con frecuencia distorsionado y desfigurado por los acontecimientos humanos, también por personas de fe, y por eso su conocimiento ha sido traicionado por nuestras incoherencias. Y Dios, cansado de ser malinterpretado, en la plenitud de los tiempos envió a su hijo, nacido de mujer, nacido bajo la Ley, para rescatar a quienes estaban bajo la Ley (*Gál 4,4*).

Jesús vino a devolver el anuncio de Dios a su origen, a llevar a cumplimiento la experiencia de Israel (*Mt 5,17*). Después de su pasión, muerte y resurrección, Jesús ascendió al Padre y de allí volverá en la gloria. Por eso esperamos cielos nuevos y tierra nueva.

Y en este tiempo de en medio, en espera de su regreso, Dios ha encomendado a su comunidad, sostenida por el Espíritu Santo, primer don de Jesús a los creyentes, la tarea de anunciar el reino de Dios que se ha hecho cercano.

Encargos

Es lo que sucede en el momento de la ascensión.

Solo quedan once. Y están perdidos y con dudas. Pero lo aman. Lo aman con locura, lo aman porque han descubierto que son amados. No están capacitados, la verdad es que no. Traicionan, reniegan, huyen. Pero lo aman. Y con esto basta.

«Id a anunciar», dice el Señor (*Mc 16,15-20*). No dijo: «Id a conquistar, a haceros con el control y con el poder, a construir grandes centros para la pastoral». Sino: «Id y anunciad».

Y ahora nos toca a nosotros.

No me preguntes el porqué, o si ha sido una decisión inteligente confiar en nuestras frágiles manos la noticia más grande de la historia. Pedir que nuestras vidas incoherentes y torpes manifiesten el verdadero rostro de Dios. Pedir a la Iglesia que somos, en este tiempo de en medio entre su venida y su regreso, que construya fragmentos del Reino en medio de nuestras ciudades deslucidas y ajetreadas. Pedir que nosotros, cansados y desalentados, como todos, marcados por profundas arrugas en este tiempo, que alentemos y animemos a levantar la mirada, a superar esa nube que nos impide ver (*Ap 1,9-10*).

Pero ¿de verdad de verdad?

> Ellos se fueron a predicar por todas partes. El Señor cooperaba con ellos y confirmaba su doctrina con los prodigios que los acompañaban.
>
> *Mc 16,20*

El Resucitado está con nosotros, actúa junto a nosotros, confirma nuestro anuncio, hecho de palabras y de signos. No somos nosotros quienes deben ser creíbles, sino Él. No somos nosotros quienes están capacitados, sino que es el Espíritu, que viaja en nuestras palabras y las llena de Dios. Si dejamos que actúe, sino no nos arrogamos el derecho de saber, de orientar, podremos anunciar. A pesar de nosotros, a pesar de nuestros límites, Dios actúa a través de nosotros.

Como reflexionaba san Pablo en otro lugar: en nuestra debilidad surge claramente la acción de Dios (*2Cor 12,10*). Si somos así de pequeños —pero sin quedarnos sentados en nuestras limitaciones, sin caer en la dejadez— y la Palabra avanza, es porque, evidentemente, no es fruto de nuestras acciones.

Dejémonos hacer, dejémonos mover, sigamos siendo sarmientos injertados en la vid para dar fruto, amemos con el mismo amor con el que somos amados. Él en el centro, no nosotros, no nuestras bellas y santas intuiciones. Él, el *por-siempre-presente*.

Así pues, hagamos memoria de esta llamada, de esta tarea, de nuestra misión de vida: hablar de Dios, narrar, a veces con palabras, todo lo que hemos descubierto, acogidos y amados por un Dios compasivo y misericordioso (*Ef 1,1-14*).

Sin embargo

Por supuesto, no es sencillo. También los apóstoles (¡los apóstoles!) tuvieron dificultades y dudaron precisamente en el momento en que el Señor les confió la tarea del anuncio (*Mt 28,17*). Porque, al igual que nosotros, comprendieron que no debían mirar al cielo esperando una solución, sino que tenían que actuar en la tierra con el corazón dirigido a los demás.

Es difícil, no es broma. Es una espera larga, y es muy grande la tentación de meter los remos dentro de la barca, sobre todo en un momento en que sentimos la indiferencia y el cansancio entre los pueblos que, como el nuestro, se han criado a base de pan y de Evangelio.

Y sin embargo, si dejamos hoy que brote en nosotros la alegría del Espíritu, también nosotros podemos dar testimonio de los signos que acompañan a aquellos que creen (*Mc 16,17-18*).

«En mi nombre expulsarán demonios», es decir, el miedo, las sombras que nos habitan, la violencia y el caos que desbordan nuestra sociedad, la agresividad que percibimos que crece a nuestro alrededor.

«Hablaremos lenguas nuevas», un lenguaje de solidaridad, de afecto, de amor, de comunión, de respeto a la diversidad, de lógica evangélica.

«Cogeremos serpientes con la mano», sin miedo de vivir los conflictos, de vivir en la ciudad de los hombres, de afrontar el mal llevando en la mano únicamente el Evangelio vivido con apabullante sinceridad.

«Si bebemos veneno, no nos hará ningún daño»: el veneno de la maledicencia, de las críticas, de las ofensas, de las incomprensiones.

«Impondremos las manos sobre los enfermos y estos se curarán», porque el Evangelio cura de todas las heridas interiores, de todos los agujeros, de todas las sombras.

Constructores del Reino

En este tiempo nosotros estamos para hacer presente al Señor, para vivir la realeza de Cristo allá donde estemos, para hacerle publicidad.

Lo que pedimos al Padre como hijos y hermanos que han experimentado su santidad, es que nos ayude a hacer presente el Reino con nuestra vida, con nuestra esperanza, con nuestras decisiones, con nuestra paciencia, con nuestro perdón, para que cualquier persona, al ver la Iglesia, viva la profecía de un mundo nuevo.

El mundo está ya salvado, pero no lo sabe. Podemos vivir como salvados, manifestar con nuestra vida la salvación: esto es lo que pedimos al Señor, mientras esperamos su regreso definitivo. El Reino está ya en medio de nosotros y estamos llamados, como discípulos, a buscar sobre todo las cosas del Reino: el resto nos será dado por añadidura.

Cada vez que rezamos la oración del Maestro estamos invitados a cuestionarnos, a preguntarnos si nuestras comunidades cristianas están viviendo el Reino, si lo anticipan y lo preparan. Al orar, pedimos al Padre que nuestras comunidades parroquiales o de movimientos o de grupos se conviertan en sucursales del Reino, en lugares de acogida y de perdón, de misericordia y de salvación, de juicios favorables y de compasión, de alegría cristiana y de transparencia del Evangelio.

Cada vez que, durante la asamblea eucarística, elevamos nuestra oración de hijos, estamos haciendo el examen de conciencia a nuestra comunidad; invocamos el perdón por nuestras infidelidades, pedimos la conversión del corazón para convertirnos en transparencia, no en obstáculo…

¿Quién es la Iglesia?

Pero nos preguntamos: ¿Qué es la Iglesia? ¿Quién es la Iglesia?

¿Un *holding* de lo sagrado? ¿Una vetusta organización que sobrevive al paso de los siglos? ¿Una banda de manipuladores? Muchos, demasiados, identifican todavía la Iglesia con la jerarquía: el papa, los obispos, los sacerdotes, los religiosos… Pero no es así.

¿Quién es la Iglesia? ¡No *qué* es la Iglesia!

Entre muchos, Marcos, el primero en escribir un evangelio, nos dice:

> Después subió al monte, llamó a los que él quiso, y ellos se acercaron a él. Y designó a doce para que estuvieran con él y para enviarlos a predicar con poder de echar a los demonios.
>
> *Mc 3,13-15*

Jesús llama a los que él quiere, es una elección libre. Y a esta llamada responde la libertad de quien es llamado. La Iglesia no es el club de quienes tienen la fe como hobby, sino la compañía de quienes han sido llamados por el Señor.

¿Y para qué «sirve» la Iglesia? Lo dice el Señor: para estar con Él, para anunciar el Reino, para disipar las tinieblas. Sobre todo, para estar con Él: estamos llamados a frecuentar a Cristo, a quedarnos con Él, a conocerlo, a meditar su Palabra. Somos cristianos porque somos suyos, porque le pertenecemos. Somos Iglesia para anunciar el Reino, para vivir como salvados, para preparar la venida de Cristo. Somos Iglesia para construir amplios espacios de luz, para hacer retroceder las tinieblas que habitan en nuestro corazón y en el corazón de los demás. Para esto sirve la Iglesia, y el resto es apéndice, coreografía, extensión.

Inmediatamente después, Marcos ofrece la lista de los que están presentes. Los Doce, número simbólico que alude a las tribus de Israel:

> Designó a estos doce: Simón, a quien llamó Pedro; Santiago y su hermano Juan, hijos de Zebedeo, a quienes llamó Boanerges, que significa hijos del trueno; Andrés y Felipe; Bartolomé y Mateo; Tomás y Santiago, hijo de Alfeo; Tadeo y Simón, el cananeo, y Judas Iscariote, el mismo que le traicionó.
>
> *Mc 3,16-19*

¡Lee bien esta lista, por favor! Léela porque dice mucho de la lógica de Dios, tan diferente de la nuestra. Estamos llamados a formar parte de ella hombres diferentes entre sí por procedencia, cultura, oficio y sensibilidad religiosa. Intelectuales con pescadores, progresistas con tradicionalistas, pecadores con devotos. Lo mismo sucede hoy: Jesús llama a todas las personas a vivir la experiencia de Dios, pero podemos decidir libremente si aceptar o no esa propuesta y responder con la fe.

La Iglesia que Jesús quiere construir está compuesta por hombres y mujeres espléndidamente diversos que en el Evangelio encuentran su unicidad. Conviene recordarlo cuando queramos una comunidad compuesta por valientes soldaditos todos iguales. Cuando deseemos una comunidad compuesta por engalanados santones. Cuando esperemos de los demás esa coherencia que nosotros no conseguimos vivir.

Espera

Viene el Señor, lo invocamos, lo hacemos presente en nuestras (frágiles) comunidades. Comunidades que son el conjunto de hermanos y hermanas que han experimentado la presencia del Señor, que lo han amado, que lo hacen presente en la cotidianidad.

Esperamos el regreso del Señor Jesús en la gloria.

Lo recordamos durante el tiempo del Adviento, en el cual no hacemos como si Jesús hubiera nacido, sino que nos preguntamos si ha nacido en nosotros y si seguimos esperándole. Y en voz alta, cada domingo, en el momento más solemne de nuestra celebración, después de haber repetido obedientemente el gesto de la Cena:

> Anunciamos tu muerte,
> Proclamamos tu resurrección,
> Ven, Señor Jesús.

En otras palabras, estamos diciendo: has muerto y has resucitado por nosotros, Señor, hazte aquí presente bajo el signo del pan y del vino, ¡ven pronto!

¿Te imaginas que el tierno Jesús, el domingo que viene, escuchara nuestra oración? ¿Y que antes de que acabase la celebración viniese en gloria y dijese: «Me habéis llamado, ¡aquí estoy!»? Sería muy embarazoso… pero ¿cómo?, ¿aquí?, ¿ya?, ¿con la comida preparada?

¡La verdad es que no creemos lo que decimos! Lo hacemos por costumbre, pero sin orientar nuestra vida a la plenitud. Y sin embargo, cada vez que rezamos el *Padrenuestro* le pedimos que apresure su venida…

Pero ¿por qué tarda tanto el Señor?

Encuentros

Inmediatamente después de la resurrección, la comunidad cristiana primitiva pensaba que el regreso del Señor en la gloria iba a ser cuestión de pocos meses… Era tal la euforia y la alegría que la espera se iba volviendo espasmódica, sobre todo en las comunidades paulinas.

Y esto creaba muchos problemas: había quienes, esperando el regreso inminente del Señor, dejaban de trabajar. San Pablo, consciente de los problemas que creaba aquella euforia, amonestó a sus comunidades: quien no quiera trabajar, ¡que no coma!

> No obstante, nos hemos enterado de que algunos de vosotros viven sin trabajar, sin otra ocupación que curiosear. Pues bien, a estos tales exhortamos y amonestamos en nombre de Jesucristo, el Señor, a trabajar en paz y a ganarse el pan que comen.
>
> *2Tes 3,11-12*

Pero ¿por qué se demoraba el Señor?

San Pablo reflexiona siempre sobre esta espinosa cuestión. Si Cristo es la cabeza, el jefe, y nosotros, la comunidad, somos su cuerpo (*1Cor 12,12-27*), no volverá hasta que no se hayan formado todos los miembros, ¡de lo contrario la Iglesia sería un monstruo! Primero debemos cumplir la tarea que nos ha mandado, anunciar la Palabra a todas las naciones, antes de que Él venga en plenitud.

De modo que el mundo no se está precipitando en el caos, sino en los brazos amorosos de Dios. Y toda la violencia, la maldad, la injusticia, no son más que la batalla final entre la luz y las tinieblas, en una guerra que el Maligno ha perdido ya.

¡Por eso somos tan optimistas, a pesar de todo y a través de todo!

¡Por eso confiamos en el Señor!

¡Por eso trabajamos con afán!

Cosas raras

Cuando alguien me habla de alguna aparición, o de profecías de quienes se autodenominan videntes (¡cuántos habrá!), que hablan del fin del mundo, de desgracias, de catástrofes, siempre les pregunto: «Pero ¿tú eres cristiano? ¿Eres discípulo?». Obviamente, me responden que sí. Y entonces digo: «¡Así que el Señor Jesús está regresando! ¡Por fin! ¡Qué alegría! ¡Ya era hora!». Y de pronto mi interlocutor me mira extrañado…

Para un discípulo, el fin de los tiempos no tiene nada que ver con la trama de una película catastrofista, sino, más bien, con la alegría de la recapitulación de todas las cosas en Cristo.

Un gran maestro de la fe, san Basilio, se preguntaba: «¿Quién es el cristiano?», y, entre otras cosas, decía: «el que permanece vigilante cada día y cada hora sabiendo que el Señor viene».

Fe sin vacilación

Cuando pedimos al Padre/Madre «venga tu Reino» estamos dirigiendo nuestra mirada a otro lugar, al más allá, estamos reinterpretando nuestra historia y la historia general en la lógica de Dios, nos empeñamos por hacer presente (¡un poco, al menos!) ese Reino en nuestras comunidades, en nuestras decisiones.

Pedimos y hacemos, construimos sabiendo que todo es un *ya pero todavía no*.

Lo hacemos en la fe, con el corazón, sin razonar como una empresa, sin restringirnos a los razonamientos del mundo. Lo hacemos contemplando con fe la obra de Dios. Lo hacemos sabiendo que estamos llamados a sembrar, nosotros, que tanto hemos recibido. Como sembradores de robles bajo cuya sombra nunca descansaremos.

Cuando oramos con fe, el Señor lleva a cabo lo que le pedimos.

Y entonces decimos: ¡*Venga tu Reino en nuestras dificultades, en la pobreza de nuestro ser, en el corazón de todos los que buscan a Dios, de cada persona que tú has amado hasta el punto de entregar tu sangre!*

Hágase tu voluntad
en la tierra como en el cielo

«¡Que se haga la voluntad de Dios!». Por lo general, quien pronuncia esta frase lo hace en el peor momento de su vida, cuando algo va mal o cuando debe hacer frente a una grave enfermedad o a una pérdida…

Digámoslo: de todas las peticiones del *Padrenuestro,* esta sigue siendo la que menos se comprende. Porque para la inmensa mayoría de los cristianos la voluntad de Dios tiene casi siempre que ver con un sufrimiento que en cierto modo estamos llamados a soportar. No nos gusta el dolor, no faltaba más, pero nos han enseñado que de alguna manera Dios envía las cruces y que, por tanto, hay que soportar ese sufrimiento.

Si hiciéramos caso a este tétrico razonamiento, estaríamos locos: pedimos a Dios que se haga su voluntad, que imaginamos que es algo terrible pero que, misteriosamente, es conveniente para nuestra salvación.

Este es un caso ilustrativo para convertir nuestra idea de Dios.

Aclaraciones

En la Biblia, la afirmación «que se haga la voluntad de Dios» significa: «Que Dios haga en mí el bien que tiene previsto, y que yo no sea un obstáculo».

La voluntad de Dios no implica dolor, no es un sufrimiento, no es un castigo, no es abandono, ¡y no es ni extraña ni incomprensible! La voluntad de Dios es un bien que deja libres, un bien que construye, un bien que restaura y fortalece, que alienta y da alas.

Desde que Dios llama al pueblo de Israel para que huya de la esclavitud, su voluntad es una voluntad de bien:

> Voy a bajar a liberarlo de la mano de los egipcios, sacarlo de aquella tierra y llevarlo a una tierra buena y espaciosa, a una tierra que mana leche y miel, a la tierra del cananeo, del hitita, del amorreo, del fereceo, del heveo y del jebuseo.
>
> *Éx 3,8*

Dios quiere que Israel y todas las personas queden libres de la esclavitud y de los ídolos con el fin de que sean libres para amar. Para ello acompaña a su pueblo, lo lleva sobre alas de águila (*Éx 19,4*), porque se complace de hacer de él su pueblo (*1Sam 12,22*). También después de la prueba del exilio Dios manifiesta su voluntad de reconstruir Jerusalén (*Is 44,28*), porque no quiere la muerte, sino la vida: «Yo no quiero la muerte de nadie, sea quien sea, dice el Señor Dios. Convertíos y viviréis»

(*Ez 18,32*). No quiere la desgracia, sino la paz: «Yo sé bien los proyectos que tengo sobre vosotros —dice el Señor—, proyectos de prosperidad y no de desgracia, de daros un porvenir lleno de esperanza» (*Jer 29,11*).

La voluntad de Dios, por tanto, expresa el amor con el que Dios se dirige a la humanidad, creada libremente y por amor. Es una voluntad soberana (*Job 23,13*) —nadie aconseja a Dios, el sabio (*Sab 9,13*), que supera el conocimiento humano— y benévola (*Os 6,6*).

Pero ¿entonces?

Sí, pero, entonces, si Dios quiere la paz y la vida para mí, ¿por qué tengo que enfrentarme tan a menudo a una batalla interior y con la presión de la violencia y de la muerte?

Porque el amor nos deja libres y estamos llamados a elegir, a ejercer el libre albedrío. Dios sabe, como decíamos, que podemos rechazarlo: es la experiencia que vivimos y que denominamos *pecado*. En la Biblia el pecado es malo porque nos perjudica, ¡no porque lo haya decidido Dios!

Llamados como estamos a vivir en la libertad, el libre albedrío es frágil y grandioso.

Pero el mensaje que deriva del Antiguo Testamento es muy claro: Dios quiere la salvación, es decir, la felicidad, de todas las personas. Nuestro Dios es un Dios feliz que nos quiere felices.

En Jesús

Esta buena voluntad se manifiesta de manera inequívoca en el Señor Jesucristo.

Ante el dolor y la muerte, señal del predominio del Maligno sobre nuestra vida, Jesús manifiesta su voluntad de vida y de sanación, de redención y de salvación:

> Se acercó a él un leproso, se puso de rodillas y le dijo: «Si quieres, puedes limpiarme». Él, compadecido, extendió la mano, lo tocó y le dijo: «Quiero, queda limpio». Y al instante quedó limpio de su lepra.
>
> *Mc 1,40-42*

Y no solo eso. Jesús, que es una sola cosa con el Padre/Madre (*Jn 10,30*), revela su voluntad más íntima: «Esta es la voluntad del que me ha enviado, que yo no pierda a ninguno de los que Él me ha dado, sino que los resucite en el último día» (*Jn 6,39*).

La certeza de que Jesús ha venido a revelar de manera inequívoca y definitiva el rostro de Dios y su voluntad llega a su plenitud gracias al don del Espíritu Santo:

> Esto es bueno y agradable a Dios, nuestro Salvador, el cual quiere que todos los hombres se salven y lleguen al conocimiento de la verdad.
>
> *1 Tim 2,3-4*

Una voluntad de bien que Jesús busca también en los momentos más trágicos, cuando resulta difícil comprender qué está ocurriendo, como es ante la perspectiva de la muerte en la cruz:

> Decía: «¡Abba, Padre!, todo te es posible; aparta de mí este cáliz, pero no sea lo que yo quiero, sino lo que quieres tú».

Mc 14,36

Sin ti, contigo

«Dios, que te ha creado sin ti, no te salvará sin ti», escribía san Agustín. Porque la voluntad salvadora de Dios solo se realiza si también yo me encamino en esa dirección.

Dios es omnipotente, cierto, y por tanto también puede limitar su omnipotencia. Puede hacerse a un lado para no invadir nuestra libertad. No nos sustituye, no hace por nosotros lo que nosotros podemos hacer. Y cuando le pedimos que intervenga, a veces lo hacemos para tomar un atajo.

¡También Dios hace lo que puede! (Porque así lo ha decidido). A veces, paradójicamente, pedimos al Señor que haga cosas que nosotros por nuestra parte no queremos hacer. Le pedimos que nos ayude a perdonar, pero no nos perdonamos a nosotros mismos. Le pedimos que nos enseñe a amar, pero no nos dejamos amar. Le pedimos que acabe con las guerras, pero somos los primeros en justificar nuestro resentimiento hacia quien nos ha hecho daño.

La voluntad de Dios se convierte, entonces, en un horizonte de salvación para mi vida. Si sé que Dios desea mi salvación y también yo, en serio, sinceramente, la deseo, me dedico a hacerla posible en lo cotidiano, discerniendo todo lo que me ayuda a hacer realidad la voluntad benévola y salvífica de Dios.

Pero ¿y la cruz, entonces?

¿Todo claro? ¿Todo bien? Más o menos.

El propio Jesús vivió el dolor del abandono. Porque en Getsemaní y después en el Calvario experimentó una voluntad de Dios que pasa por el sufrimiento y la cruz. Entonces, al final, ¿debemos sufrir? Debemos tener algo en cuenta: Jesús, en la cruz, no cumple la voluntad de Dios, sino la voluntad de los hombres que querían eliminarlo. Y Él, de acuerdo con el Padre, se atreve, se deja conducir, se deja matar.

¿Por qué? Para ser creíble.

Una cosa es decir, otra cosa es morir. Una cosa es predicar, otra cosa es morir. Una cosa es ser bueno cuando todo el mundo aplaude, y otra cosa es perdonar mientras estás clavado en la cruz. La cruz es la máxima manifestación del amor de Dios. Somos amados hasta ese punto. La cruz muestra la absoluta fiabilidad del amor que Dios nos profesa.

¿Lo entenderá la humanidad?

¿Entenderá que Dios se entrega a nuestra voluntad, viendo que nosotros no queremos entregarnos a la voluntad de Dios? La angustia que Jesús siente en Getsemaní se fundamenta en la certeza de que su sacrificio podría resultar completamente inútil. Asume un riesgo, el más terrible: el de ser el *olvidado para siempre*.

Tomar la cruz

Sea. Por eso la voluntad de salvación puede atravesar momentos difíciles. No es de extrañar que hayamos acuñado el término (un tanto manido) de *sacrificio*. Sacrificio, es decir, *sacrum facere,* hacer sagrado algo.

Preparar la comida para mi hijo cuando vuelve del colegio es una manera de expresarle mi cariño, de dar mi vida por él. Hacerlo cuando vuelvo alterado del trabajo tiene, paradójicamente, un toque adicional. Amarte, querido mío, cuando estoy eufórico y la vida me sonríe, es magnífico. Hacerlo en la cotidianidad, cuando no siento mariposas en el estómago, aporta un toque extra.

Pero hay un párrafo que supone un (gran) problema: cuando Jesús pide *explícitamente* a quienes quieren seguirle que tomen su cruz. Y muchos (demasiados) piensan que la voluntad de Dios consiste precisamente en esto: en ponernos a prueba. Pero ¿por qué?

Es cierto que a veces —raramente— afrontar un sufrimiento nos cambia para bien. Pero, casi siempre, hacerlo nos lleva hasta el umbral de la muerte interior, de la incredulidad. ¿Por qué iba Dios a enviarnos una cruz? ¿Para probar nuestra fe? Pero si ya admitimos primeramente que nuestra fe es frágil e inestable (¿inconstante?), ¿por qué razón iba Dios a arriesgarse a perdernos? ¿Cómo puede un padre causar dolor a su hijo para ayudarle a crecer? ¡Sería como si yo le cortara un dedo a mi hijo para que aprendiera a soportar el dolor! ¡Venga ya!

Creo que no es Dios quien envía las cruces.

No veo a Dios levantándose por las mañanas, somnoliento y con una taza de café caliente en la mano, yendo hacia una gigantesca *consola* y comenzando a pulsar botones al azar: aquí un cáncer, aquí un accidente, allá un pequeño terremoto…

Es la vida la que nos da las cruces, los otros, las vueltas que da nuestra cabeza, no Dios. No fue el Padre quien dio la cruz a su Hijo: fueron los hombres cegados por el odio quienes lo clavaron en ella. Pero esa cruz se convirtió, para Jesús, en la mejor oportunidad para manifestar la veracidad de sus palabras. Y para mostrar el verdadero rostro de Dios.

Vivir dando

Aceptar la (mentalidad de la) cruz es esencial para ser dignos discípulos del Señor.

Se equivocan estrepitosamente todos los que creen que la cruz significa dolor. Y que por eso Jesús pide a sus discípulos que soporten la cruz como signo de dignidad. No es así: Jesús pide que superemos el dolor y desatemos los nudos, y nos explica en qué consiste la cruz: «El que encuentre su vida la perderá, y el que la pierda por mí la encontrará» (*Mt 10,39*). Es la frase de Jesús que más veces se cita en los evangelios, ¡hasta seis veces!

La vida es entrega de uno mismo, la vida es la efusión del amor de Dios, la vida es don: esto es lo que más impresionaba a las comunidades primitivas. Esta es la lógica de la cruz que Jesús mismo vive: hacer de la vida un don. Por eso Jesús dice: «Para ser digno de mí, ama hasta el final, hasta entregarte del todo, como he hecho yo». La cruz se convierte en la manera que tiene Jesús de manifestar hasta qué punto está dispuesto a amarme. Tomar la cruz significa asumir la lógica de Cristo, que, por lo tanto, nos pide que optemos por entregar nuestra propia vida.

Dios no envía las cruces: nos pide que asumamos en la vida una lógica crucificada, es decir, entregada, grande, desbordante, dispuesta a amar hasta el final.

Que se haga tu voluntad de Padre

La voluntad del Padre es que todas las personas se salven, es decir, que sean completamente felices. Dado que la felicidad es también nuestro deseo, pero solo Dios sabe bien qué es lo que nos conviene, confiamos en Él y le pedimos que se haga su voluntad.

Tardamos toda la vida en aprender a vivir, en llegar a ser hombres y mujeres discípulos del Reino, en convertirnos. Y entonces pedimos: *Padre, permite que comprendamos cuál es tu voluntad y danos el valor para cumplirla. Haz que seamos capaces de conocer esta voluntad y dejarla germinar, de permitir que florezca en nuestro desierto, que crezca en nuestra vida.*

En la tierra como en el cielo

Que como es en el «otro» mundo, el mundo de las realidades invisibles sobre el que fijamos nuestra mirada (*2Cor 4,18*), así sea también entre nosotros.

El mundo no es solo lo que pasa por nuestros sentidos: es espléndidamente más, inmensamente más grande y más hermoso, más fuerte y más dichoso. Un mundo compuesto por misterio y por luces del que apenas tenemos huellas.

Existe una dimensión invisible a nuestros ojos sensibles, un mundo «celado», compuesto por ángeles y almas, por danza y belleza, por armonía y paz. El mundo en el que Dios reina en plenitud: pidamos al Padre que nos ayude a hacer que nuestro mundo se asemeje a este mundo invisible, escondido. Que la voluntad salvífica de Dios pueda cumplirse entre nosotros sin obstáculos, así como en el mundo «celado» se cumple ya.

Pedir al Padre que nos ayude a construir este mundo escondido significa tomarlo como modelo, no rendirnos a las pruebas sensibles, tener el valor de esperar y de soñar más allá de lo visible, de mirar los acontecimientos con la mirada pura y luminosa, comprender que nuestra vida no se mide por el éxito o el fracaso que hayamos vivido, sino por nuestra capacidad de amar.

Pero cuidado

En demasiadas ocasiones la mirada hacia el más allá ha animado inconscientemente a los cristianos a no interesarse por este mundo, como si las dificultades, las injusticias, las maldades de este mundo fuesen inevitables. Como diciendo: dado que este mundo no consigue cambiar, ¡más vale esperar el siguiente!

Pero esta actitud es un error: invocar como modelo el mundo «celado», el mundo en el que se cumple plenamente la voluntad divina, significa para nosotros poner en el centro de nuestra acción pastoral la nueva humanidad, el ejemplo que la Iglesia debe dar en el mundo concreto en el que vive.

El cristiano vive en el mundo, pero vive en relación con el «otro» mundo y anticipa su destino en el «hoy». De ahí que la actitud correcta del discípulo que invoca el Reino y lo toma como modelo sea la de ponerse manos a la obra, la de cambiar la miseria actual por el amor de Cristo, a quien ve reflejado en el pobre; la actitud de quien ama este mundo que ama Dios y trata de transformarlo.

Danos hoy nuestro pan de cada día

La primera parte de la oración que nos confió el Maestro se dirige a Dios, a quien sentimos como Padre/Madre: le pedimos que santificara su nombre y que hiciera presente su Reino anticipándolo a la lógica «celada» en nuestra tierra.

La segunda parte de la oración se refiere a la mirada sobre la vida cotidiana, sobre las cosas indispensables para la vida. ¡Y lo cierto es que hay muchas sorpresas!

Jesús nos enseña que la vida está hecha de relaciones y de búsqueda de Dios, de grandes interrogantes que nos animan a buscar y a aceptar la revelación del verdadero rostro del Padre.

Pero el Maestro no propone una fe evanescente, relegada al cielo, pendiente de las cosas espirituales: en la lógica de la encarnación nos invita a bajar nuestra mirada del cielo a la tierra (*He 1,11*), a ocuparnos del cuerpo, después de haber satisfecho los deseos del alma.

El cristianismo (el original, no este revoltijo que hemos hecho con él) se caracteriza por una mirada única y exclusivamente positiva sobre la creación, sobre las cosas de la tierra, sobre la humanidad.

La vida no es un castigo, no sirve para cumplir condena por una culpa y liberarnos del peso del cuerpo y de la carne hasta que el alma se libere y regrese al lugar de donde proviene. Es cierto que hay una dimensión de lucha interior, pero no entre cuerpo y alma, entre carne y espíritu, sino entre plenitud e inacabado, entre luz y tinieblas, entre gloria y resignación.

Si Dios se ha hecho hombre, la humanidad, en todos sus componentes, se convierte en templo de Dios, y la cotidianidad se transforma en el lugar y el tiempo del encuentro con lo divino.

El discípulo de Cristo vive cada día como un don, por eso vive su humanidad en plenitud, honrando a Dios hecho hombre. Por eso, al menos en el proyecto inicial, el cristiano vive la vida con alegría e intensidad, sin desalentarse, consciente de las limitaciones y de las sombras, pero con una mirada positiva sobre sí mismo y sobre los demás. Como escribían los sabios de Israel, «Dios nos pedirá cuentas de todas las alegrías que no hemos vivido».

En esta luminosa y feliz lógica, en la oración que nos dio el Hijo, pedimos las cosas que nos son esenciales: el pan, el perdón, la libertad.

Lo necesario

Lo primero que le pedimos al Padre es el pan.

El discípulo no vive con la cabeza en las nubes, no se olvida de las dificultades del trabajo y de las preocupaciones diarias, pero las orienta a Dios, busca el Reino: «Buscad primero el Reino de Dios y su justicia, y todo eso se os dará por añadidura» (*Mt 6,33*).

Al pedir el pan nos comprometemos a ganárnoslo, a trabajar por él, a compartirlo.

A ganárnoslo, sobre todo, porque, en la lógica cristiana, el trabajo nos dignifica, nos hace semejantes a Dios, que trabajó para crear el mundo. La creación no ha terminado: Dios se la ha encomendado al ser humano, guardián del cosmos, para que lo lleve a plenitud. Y a través del trabajo podemos realizarnos a nosotros mismos, nuestras capacidades, y llevar a cumplimiento el mundo.

Trabajo que el propio Jesús quiso experimentar durante toda su vida: al Señor se le conocía como el hijo del carpintero (*Mt 6,3*) y, rodeado de pescadores y artesanos, utilizaba frecuentemente parábolas con ejemplos tomados del mundo laboral (por ejemplo, *Mt 20,1-16*). El mismo san Pablo se enorgullecerá de ganarse personalmente la vida sin suponer una carga para la comunidad, con el oficio de fabricante de tiendas (*He 18,2-3*). El pan, ganado gracias al trabajo propio, se comparte, imitando así el gesto del niño del que se habla en la multiplicación de los panes (*Jn 6,9*), que facilita su propio almuerzo, viviendo las palabras de Jesús que cita el apóstol Pablo, para quien «hay más felicidad en dar que en recibir» (*He 20,35*).

Con frecuencia en nuestros días, el trabajo es tan solo el instrumento para acumular dinero, y únicamente se considera que un trabajo es «bueno» si permite ganar mucho dinero. Y lo que es peor: hay trabajos que no dejan vivir, que mortifican la dignidad, que explotan a los trabajadores. Y el trabajo, así, queda reducido a su dimensión remunerativa. Al rezar el *Padrenuestro* pedimos poder ganarnos nuestro pan con paz y justicia, dignidad y honor, y nos comprometemos para que todas las personas tengan de qué vivir.

Pedir el pan significa comprometerse para obtenerlo también para los demás, en la lógica de la anticipación del Reino. Como si dijésemos: danos la honestidad de ser capaces de afrontar la situación, de luchar para conseguir un mundo más justo, como tú soñaste.

Día tras día

Pedimos el pan, sí, pero el pan *cotidiano*. Lo deseamos día tras día, al igual que el pueblo de Israel en el desierto podía recoger solo el maná necesario para la jornada (*Éx 16*).

Es una petición difícil, exigente, que nos obliga a confiar, a no acumular, a permanecer en una actitud constante de espera y de pequeños avances potenciales. Sin acumular, sin codicia, sin entrar en la lógica destructiva del poseer, sabiendo que el pan que comemos nos es necesario día tras día, para recordar al discípulo la relación que está llamado a tener con las propiedades y con el dinero.

En la Biblia hay muchos matices respecto a la pobreza y a la riqueza, muchas facetas. La Escritura, muy realista, se cuida mucho de condenar la riqueza a priori. La riqueza honesta es siempre don de Dios. Pero la pobreza es siempre responsabilidad (culpa) del rico. Porque la riqueza se otorga para compartirla, no para acapararla.

Jesús no es un clasista, entre sus amigos hay pobres y hay ricos, como José de Arimatea y Juana, la mujer del administrador de Herodes. Él, por su parte, optó por frecuentar sobre todo a los pobres y humildes, que eran, por otro lado, la categoría dominante en su época. Vive pobremente, con lo esencial, acepta la hospitalidad de los demás, no tiene dónde reclinar la cabeza.

Jesús advierte a su comunidad sobre el peligro de la riqueza, que en sí no es negativa, pero que engaña, prometiendo cosas que no puede mantener. El corazón humano está hecho para el Absoluto, y ningún bien ni el dinero pueden colmarlo. El discípulo sabe discernir dónde poner su corazón, sabe dar al César lo que se debe al César y a Dios lo que es de Dios (*Mt 22,21*).

Miedo

Al pedir el pan *día tras día* nos interrogamos sobre la codicia, que es el desmesurado deseo por poseer. Poseer dinero, sí, pero también objetos, vestidos, *gadgets*…

A veces nuestro deseo de infinito, nuestra (sana y santa) inquietud se aplacan momentáneamente (y equivocadamente) con la posesión de cosas que en realidad no necesitamos pero que, y así se nos hace creer, se vuelven indispensables. Objetos caros —el vestido de marca que lleva una famosa, el modelo exclusivo de smartphone, el coche que solo pueden conducir personas acaudaladas— que nos hacen diferenciarnos en la multitud, que nos hacen resaltar, que nos hacen valer, se convierten en los nuevos ídolos a los que sacrificar deseos y ambiciones.

Tenemos miedo de carecer de valor (*Mt 10,26-33*), de no ser amados, de fracasar, de ser inútiles, superfluos, uno entre millones, un nada absurdo y sin sentido. Y de ceder a la locura del mundo, que nos propone sobresalir, ser importantes, cueste lo que cueste.

¡La única cura es la meditación sobre las aves! Los pajaritos no son importantes. Dos pajaritos se venden por una moneda, por unos pocos céntimos. Y sin embargo Dios los conoce. Y me emociona y me impresiona un Dios capaz de conocer a los pajarillos, capaz de amarlos, de cuidar de ellos. Me emociona y me asusta un Dios que sabe hasta cuántos cabellos tengo en mi cabeza.

Dios nos conoce, nos protege, no permite que nos perdamos, que nos dejemos abrumar por el miedo. Y el pajarito no cae a tierra «porque Dios lo quiera», sino que no cae a tierra «lejos de Dios, sin que Dios lo sepa», como sería más correcto traducir.

Pedimos el pan solo para *hoy* porque sabemos que mañana el Padre, proveerá, de alguna manera. Pedimos el pan solo para *hoy* porque sabemos que mañana, de nuevo, elevaremos con gratitud la oración de los hijos, haciendo la misma petición.

Lo hacemos porque confiamos, y confiamos porque hemos descubierto (experimentado) que Dios es digno de confianza, siempre. Pedimos y actuamos, no esperamos a que Dios llame a nuestra puerta como un mensajero, llevándonos la comida: Él nos hace capaces, capaces de actuar y de ganarnos nuestro pan.

No solo de pan

Al pedir el pan estamos pidiendo todo lo que necesitamos para vivir dignamente nuestra vida: el pan, el trabajo, una casa… pero también el respeto, el afecto, la alegría de las cosas sencillas.

El discípulo ve que todo es don, que todo es gracia, que todo, en última instancia, proviene de Dios y pide ayuda a Dios.

«¿Qué tienes que no hayas recibido? Y si lo has recibido, ¿por qué presumes como si no lo hubieras recibido?» (*1Cor 4,7*). Al pedir a Dios el pan, que representa lo necesario para vivir, que no es solo la comida, reconocemos que todo es realidad penúltima, que todo proviene de Dios.

El propio Jesús nos pide a nosotros, sus discípulos, que lo amemos a Él más de lo que amamos a cualquier otra persona o realidad (*Mt 10,37-42*).

Aún más

El verbo *amar* que utiliza Jesús durante sus discursos está vinculado a *philia,* el amor natural. Pero cuando habla de amor hacia Él, habla, en cambio, de *agape,* del amor reflejo de Dios.

Jesús no pone en contraposición, no pide que menospreciemos, a los familiares, pero sugiere una clasificación de intensidad de amor: el amor natural por los familiares es y sigue siendo emanación/símbolo/representación del amor divino. Y asegura a los suyos: el amor que Él les da, y que podemos devolver, es de una fuerza que ningún otro amor humano (bello, extraordinario, magnífico) es capaz de reemplazar.

Cualquier experiencia afectiva y sentimental, cualquier sentimiento que tengamos hacia otra persona (amante, hijo, progenitor, amigo) es y sigue siendo realidad *penúltima.* Jesús exige, quiere, ser el referente *último,* porque está en el origen de todo amor. Este amor que vivimos aquí es reflejo extraordinario e interesante, dichoso y sustancial, de ese otro amor mucho más consistente.

Ser compañeros de viaje, don para el descubrimiento de la realidad más fuerte y profunda: a esto está orientada toda relación. Confundir los planos, esperar que la *philia* colme el corazón, es precursor de gravísimas consecuencias.

Esto dice el Señor a nuestros corazones extraviados: *sabed* que sois amados, descubríos amados. Aprended a poner este amor en el origen de vuestras decisiones. Y, si queréis, elegid amar, permitiendo que se desborde el amor que ha colmado vuestros corazones.

El amor es experiencia magnífica y totalizante. Pero existe un amor *más grande.* El suyo.

Consciente de esta verdad, el discípulo pide al Padre/Madre, realidad última, el pan del amor.

Somos de Dios

Dios no es un déspota caprichoso a quien haya que convencer, y menos aún un déspota iluminado que, por su buena intención, prodigue alguna gracia. Creó el mundo con sabiduría, creó al ser humano a su imagen y semejanza y lo dejó libre. Pero todo tiene un orden, una finalidad.

Es cierto: la vida es una búsqueda del tesoro, y Dios, que nos respeta, sabe que somos capaces de vivir en la dicha. Pero la plenitud solo está junto a Él. Por eso le pedimos el pan, sin sentarnos a esperarlo, sino orientando nuestra vida hacia Él.

> Por tanto, que nadie presuma de los que son solo hombres, pues todo es para vosotros: Pablo, Apolo, Cefas, el mundo, la vida, la muerte, el presente y el futuro, todo es vuestro; vosotros, de Cristo, y Cristo, de Dios.
>
> *1Cor 3,21-23*

Al pedir el pan, en realidad, estamos pidiendo todo lo que necesitamos para vivir y que Dios nos da en abundancia (*Mt 7,7-12*) a través de nuestro trabajo, benigno y agradecido.

El pan que es Dios

Pedir el pan cotidiano significa pedir también ese pan que es la presencia misma de Dios, sin el cual no podemos existir. Recuerda lo que dice el Señor

Jesús a quien lo busca después de que le haya dado de comer:

> Procuraos no el alimento que pasa, sino el que dura para la vida eterna; el que os da el hijo del hombre, a quien Dios Padre acreditó con su sello.

Jn 6,27

La oración de los hijos nos hace crecer en el conocimiento y la comprensión de la identidad de Dios, el único que colma el corazón, y de nuestra profunda identidad: creados por amor, llamados a amar.

Danos el pan que eres tú, Señor, danos el pan que es tu presencia en este camino hacia la plenitud del Reino. Danos cada día la posibilidad de descubrir una señal de tu compasión y misericordia hacia la humanidad y hacia nosotros.

Porque también nosotros, como san Agustín, hemos descubierto una simple verdad: «Nos has hecho para ti y nuestro corazón está inquieto hasta que descanse en ti» *(Confesiones* I, 1, 1).

Perdona nuestras ofensas como también nosotros perdonamos a los que nos ofenden

Pocas son las cosas verdaderamente necesarias. La primera es el pan, la segunda es el perdón.

No podemos vivir sin perdón, sin la paz del corazón, sin sentirnos pacificados y en armonía con Dios, con los demás, con nosotros mismos. El perdón nos es tan necesario como el pan.

El pecado, antes del perdón

Para hablar del perdón tenemos que intentar, sobre todo, definir el *pecado*.

Se habla poco y mal de él, como si ya no existiese, abolido por decreto ley, como si fuese una invención de los sacerdotes, como si fuésemos nosotros quienes tuvieran que establecer qué es pecado y qué no lo es.

¿Qué es el pecado en la Biblia?

Dios nos ha creado libres para que pudiésemos decidir cómo vivir nuestra vida. Hechos a su imagen y semejanza, podemos orientar nuestra vida siguiendo nuestra alma, chispa divina en nosotros, y haciendo florecer el bien, lo bello y lo bueno que nos habita, o tomar decisiones que nos alejen de nuestra identidad profunda. La vida es la posibilidad que se nos da para crecer, para descubrir la grandeza y la intensidad de nuestra llamada a participar en la vida de Dios.

El amor nos deja libres: ¡nadie puede obligar a nadie a dejarse amar! Así, Dios tiene en cuenta que podemos realizar nuestro camino alejados de Él. La Escritura, desde este punto de vista, es una propuesta de amistad, de alianza: Dios nos entrega un mapa para encontrar la felicidad, preciosas indicaciones para construir espacios de felicidad en nuestra vida.

Así las diez Palabras, que denominamos (quizá incorrectamente) *mandamientos,* son el seto junto al camino que conduce a la plenitud y a la felicidad, no una serie de leyes y de prohibiciones que Dios impone para manifestar su dominio y su control.

Uno de los términos que nosotros traducimos por pecado indica, en hebreo, la acción de *no dar en el blanco*: como quien yerra clamorosamente el lanzamiento de una flecha, así también nosotros, recorriendo un camino que nos aleja de Dios y de nosotros mismos, no damos tampoco en el blanco de nuestra alegría. Hechos para ser obras maestras, piezas únicas, nos conformamos con ser fotocopias descoloridas. Creados para ser águilas que planean en el cielo, preferimos quedarnos en el gallinero, escarbando, imitando lo que hacen los demás.

Insisto en esta idea porque, muy a menudo, como adolescentes rebeldes, nos imaginamos un Dios padre/patrón, severo y rencoroso, que, para hacer ver a todos quién manda, impone reglas que no queremos respetar.

En el fondo pensamos que el pecado, que sabemos que es ilegítimo y prohibido, es infinitamente más agradable y gratificante que una vida atenta a las indicaciones del Evangelio. Estamos interiormente convencidos de que una vida narcisista, egoísta hasta el extremo, que ignora a los demás y los usa para sus propios fines, hecha de excesos y de placeres irrefrenables, es definitivamente mejor que una vida banal y virtuosa...

Desde este punto de vista, Dios habría establecido reglas para fastidiarnos, para imponer su voluntad, obligándonos a respetar normas cuya utilidad no comprendemos. ¡No es así! ¡Qué lejos estamos de la verdad!

En la Biblia se dice claramente que el pecado es malo porque nos *perjudica,* porque nos destruye, porque arruina nuestra semejanza con Dios, porque nos aleja de nuestra naturaleza profunda.

De manera que el problema no es transgredir un mandato esperando salir impunes, tratando de quitarle hierro, salvando las apariencias, la fachada, sino comprender que Dios y yo queremos lo mismo: ser plenamente felices. Solo que Dios sabe qué me hace feliz, porque me ha creado. Y me propone caminar hacia la felicidad señalando un camino. Dios es el mejor aliado que jamás podremos tener; vayamos en su misma dirección.

Pero puede que, por falta de atención, por superficialidad, por espíritu de rebeldía, nos confundamos de camino, nos alejemos del sendero que conduce a la felicidad, nos perdamos o nos detengamos. Dios, entonces, con paciencia, recalcula el camino, como ocurre con nuestros navegadores vía satélite cuando nos confundimos de ruta. Dios es obstinado, porque ama, porque me ama, porque desea, por encima de todas las cosas, que yo sea plenamente feliz.

Es importante que reconozcamos que nos hemos confundido de camino, que admitamos habernos perdido y pidamos ayuda al Señor.

Jesús es el perdón

> De pronto le llevaron un paralítico tendido en una camilla. Jesús, al ver su fe, dijo al paralítico: «Ánimo, hijo, tus pecados te son perdonados».
>
> *Mt 9,2*

En el Evangelio, Jesús anuncia la salvación y desvela el rostro del Dios misericordioso. Y la salvación pasa también por el perdón de los pecados de las personas que lo escuchan. Porque cuando nos acercamos a su luz surgen nuestras propias tinieblas, como le ocurrió a Zaqueo (*Lc 19,2*), como experimenta el tímido Nicodemo (*Jn 3,1*), como comprenderá, de manera trágica, Pedro (*Mt 26,74*).

No, Dios no condena, no juzga. No se erige por encima de las partes para dictar sentencia. El mundo nos juzga, nosotros nos juzgamos a nosotros mismos, a veces sin piedad. Dios no, Dios solo desea nuestra salvación y nos invita a comprender, a discernir, a decidir. A juzgar, sí, pero desde su punto de vista (*Jn 5,24*).

Como buenos católicos, pensamos: «Si hemos pecado, nos arrepentimos y Dios nos perdona». En el Evangelio, Jesús dice que si hemos pecado Dios nos perdona, *y por eso* nos arrepentimos. Dios previene y suscita nuestro arrepentimiento perdonándonos, haciéndonos ver cuánto nos ama. Pase lo que pase.

Ser perdonados incondicionalmente nos convierte, nos estremece, nos aturde. Nos hace caer del árbol en el que nos hemos refugiado porque los demás nos rechazan (*Lc 19,6*).

Dios está corriendo un riesgo, y lo sabe perfectamente. Podemos ignorar su iniciativa, tergiversar su significado, degradar y arruinar el perdón. «Si Dios me perdona siempre, ¡mejor! ¿De qué sirve que me convierta?». «Si Dios es así de bueno, entonces puedo disfrutar y cometer todas las transgresiones de la vida, porque nunca me sucederá nada grave».

Ante tanta dureza y necedad, Jesús constata con dolor que el pecador que rechaza el perdón gratuito de Dios se condena a sí mismo a la aridez interior, como el rico epulón que no ve al mendigo Lázaro a su puerta (*Lc 6,20*), como el obstinado que finge ser devoto ante Dios y cuyo destino es acabar en la Gehena (*Mt 5,22*), uno de los valles al pie de Jerusalén donde se quemaban los desechos.

Si desechas el perdón te conviertes en desecho. En *basura*. Es verdad que eres libre de reconocer tu pecado. Y de rechazar el perdón, por supuesto. No te caerán rayos sobre la cabeza, ni recibirás ningún terrible castigo. Sencillamente vivirás en tus tinieblas sin ver la luz. ¿Merece la pena?

Un perdón liberador

Así, Jesús da el perdón al paralítico (*Mt 9,2-7*). La gente (de ayer y de hoy) pensaba que la enfermedad era un castigo divino por los pecados cometidos. Jesús desmiente esta idea, como antes había tratado de hacer Job. Perdona a ese hombre, y esto suscita el escándalo entre los fariseos: Dios castiga el pecado con la enfermedad, ¿por qué habría de perdonar a un pecador? El perdón del alma transforma también el cuerpo, como ocurre con frecuencia. Este hombre, por fin libre interiormente, comienza a caminar. ¿Hay algún modo más eficaz de definir el perdón? El perdón de Dios nos pone de nuevo en camino, nos ayuda a superar todo tipo de parálisis, nos hace correr velozmente por los caminos de la verdadera vida.

Lo único que se nos pide es que aceptemos el perdón.

Al igual que la mujer pecadora que entra durante una cena y llora a los pies de Jesús, soltándose los cabellos. Es un acto ambiguo, embarazoso: soltarse los cabellos era un gesto de seducción, reservado a la intimidad conyugal. Pero Jesús lee en el corazón de esta mujer un deseo de cambio, de acogida, de verdad:

«Por lo cual te digo que si ama mucho es porque se le han perdonado sus muchos pecados. Al que se le perdona poco ama poco». Y dijo a la mujer: «Tus pecados te son perdonados». Los invitados comenzaron a decirse: «¿Quién es este que hasta perdona los pecados?». Él le dijo a la mujer: «Tu fe te ha salvado; vete en paz».

Lc 7,47-50

Pero a veces el perdón que Dios nos da se ve obstaculizado por el perdón que no conseguimos darnos a nosotros mismos. Judas cree que no se le puede perdonar, y por eso se suicida (*Mt 27,5*). Y Pedro, devorado por el remordimiento de su negación, será el último de los discípulos en abrirse a la noticia del Resucitado y necesitará más apariciones para aprender a perdonarse (*Jn 21,15-19*). Pero, al final, se dejará amar.

Con frecuencia, con mucha frecuencia, prevalece en nosotros el sentimiento de culpa, no la consciencia del pecado. Utilizo con prudencia esta distinción, pero es necesaria. A diferencia de lo que todavía hoy piensan muchos —¡incluso algunos sacerdotes!—, el sentimiento de culpa no tiene nada que ver con el pecado y con el perdón. Tiene profundos orígenes psicológicos, puede derivar de un sentimiento de inadecuación, o de una educación equivocada. Quien lo experimenta se siente a disgusto, incapaz, indigno. Pero, a diferencia del arrepentimiento por un pecado, y aun recibiendo el perdón cientos de veces, el malestar que provoca el sentimiento de culpa no desaparece.

Si, de manera involuntaria, he empujado a una persona y he hecho que se caiga, provocándole una fractura y dejándola impedida, me siento fatal, me siento culpable por lo que ha ocurrido, pero no he cometido ningún pecado. Si, al contrario, odio a esa persona y la he empujado para hacerle daño, entonces he pecado gravemente. Es la voluntad del gesto la que determina su valor moral. El pecado se borra con el perdón sacramental. El sentimiento de culpa se borra al darnos cuenta de que el malestar es una proyección, una emoción, una sensación que se identifica y se supera.

Pedro, aun habiendo sido perdonado, no consigue superar su propio sentimiento de culpa. Será Jesús, tomándole de la mano y confiando a él, que no es apto, la custodia de la fe de los hermanos, quien lo libere definitivamente. Y lo libera también de su *ego* autodestructivo.

El centro

El perdón es un elemento esencial de la vida cristiana, desde los tiempos de las primeras comunidades.

El perdón se manifiesta de diferentes modos. Después de habernos equivocado y de haber pedido ayuda a Dios, hay un perdón que el propio Jesús da a sus discípulos y encomienda a su Iglesia. Los discípulos, si así lo desean, pueden pedir perdón a Dios dentro de la comunidad, de formas y en grados distintos. A lo largo de la historia, el perdón como sacramento ha adquirido diversas formas, pero siempre ha plasmado el doble aspecto de pedir perdón a Dios y a la comunidad ofendida por nuestro comportamiento y la posibilidad de realizar gestos concretos de renovación.

Todavía hoy la dimensión penitencial, el reconocer nuestra fragilidad y encomendársela a Dios, está presente en la vida de la Iglesia: cuando nos congregamos para celebrar la eucaristía; en los importantes momentos litúrgicos, en especial la Cuaresma; en las celebraciones penitenciales y en el sacramento personal de la reconciliación. Y está presente en la oración de los hijos como elemento fundamental para la vida interior: Jesús la pone como petición al Padre.

Entendámoslo

Pero hay que entender bien el perdón cristiano.

No se perdona nunca porque seamos mejores; no se perdona porque el otro haya cambiado como consecuencia del perdón. Perdonamos únicamente porque hemos sido antes perdonados por Cristo, porque la desproporción que existe entre lo que se nos ha perdonado a nosotros y lo que debemos perdonar a quien ha hecho el mal es enorme. No somos mejores por haber perdonado, ni podemos ofendernos si el otro no sabe asumir nuestro perdón.

Y el perdón no es una amnesia: ¿cómo puedo «olvidarme» de esa injusticia que ha arruinado mi vida? El perdón es una opción dolorosa y basada en la voluntad, no en la emoción. Vivimos un perdón encarnado: si una persona me ha herido brutalmente, mi perdón será proporcional a la condición en la que me encuentre. En ciertas situaciones será ya un gran perdón el no desear mal a quien nos lo ha hecho.

Perdón significa ser conscientes de nuestros límites y, por tanto, aceptar los límites de los demás. Perdonar significa colocarse en la perspectiva de Dios, alcanzar la paz del corazón. El perdón me es necesario, no al otro, que, a veces, ni siquiera sabe que se le ha perdonado.

Pueblo de perdonados

La Iglesia no es el pueblo de coherentes a toda costa, de inmaculados, sino de perdonados.

La Iglesia de los perfectos no es la de Cristo. La Iglesia es un pueblo de perdonados que saben perdonar. No somos mejores, pero la deuda que tenemos con Dios ha sido anulada (*Mt 18,21-35*), para que podamos perdonar con generosidad. El Señor nos llama a darnos cuenta de la medida infinita con la que lo hemos recibido, con la que hemos sido perdonados, transformados, sorprendidos.

Como también

Es la petición más articulada y larga de toda la oración: pedimos perdón, sí, pero vinculándolo a nuestra manera de perdonar. Ese «como también nosotros» nos ata a nuestra responsabilidad, nos interroga sobre nuestra bondad y generosidad: pedimos a Dios que nos mire como nosotros miramos a los demás.

Y pedimos: haznos personas capaces de perdonar, sin esperar el perdón perfecto, sin esperar que el otro cambie, sin sentirnos mejores o «en paz», sin olvidar necesariamente el daño sufrido, porque el perdón es una opción, no una amnesia.

Perdonamos porque hemos sido perdonados en lo más profundo. No porque seamos justos. Sino perdonados.

La Iglesia es el pueblo de quienes han hallado compasión, no el pueblo que hace alarde de su propia diversidad. Un pueblo de hijos, no de primeros de la clase. ¡Convirtámonos en testigos del perdón recibido y otorgado!

En este mundo agresivo, en el que el perdón se confunde con el buenismo, en el que cada cual se erige en dios de sí mismo y se absuelve, en el que se decide qué es pecado por medio de un sondeo, la oración del Señor amplía horizontes y nos libera.

Salgamos del trágico moralismo que atenaza a nuestra sociedad, muy tolerante con las carencias propias, siempre dispuesta a encontrar atenuantes para sí misma, pero severa e intransigente con los pecados de los demás.

El Padre bueno que hace llover sobre justos e injustos nos coloca en una perspectiva totalmente diferente, en la que la vara de medir a las personas no es su supuesta coherencia absoluta, sino la capacidad de reconocerse necesitados de perdón para poder perdonar a los demás…

No nos dejes caer en la tentación y líbranos del mal

La última petición que hacemos al Dios de Jesús, uniéndonos al Hijo, tiene que ver con la parte difícil y oscura de nuestra vida. Porque cuando optamos por seguir el Evangelio, cuando deseamos convertirnos en discípulos, cuando buscamos a Dios, al igual que en un día nublado el sol disipa el cielo gris y hace resaltar las sombras, así también nosotros nos damos cuenta de las sombras que nos habitan.

Somos libres, decíamos, y hemos sido creados por amor.

Pero en esta libertad estamos llamados a tomar decisiones, a discernir qué nos lleva a la plenitud de la felicidad y qué nos aleja de ella. Porque hay una experiencia común a todos, también a los no creyentes, y es el hecho de que, aunque deseemos la alegría, con frecuencia nuestras acciones tienden a la destrucción y a la aniquilación.

Todos sabemos bien qué nos hace felices: establecer relaciones positivas y sinceras, amar en la medida de nuestras posibilidades, aceptar a las personas en su diversidad, encontrar elementos de contacto con quien no piensa como nosotros... Pero, aun sabiendo todo esto, hay momentos en los que prevalecen las tinieblas: también con las personas que amamos descargamos nuestra rabia y nuestra frustración, les decimos palabras fuertes, humillantes, ofensivas.

Este misterio de la iniquidad, por el que hacemos lo que no queremos, es experiencia común, como dice san Pablo:

> Yo sé que en mí, es decir, en mis bajos instintos, no hay nada bueno, pues quiero hacer el bien y no puedo. No hago el bien que quiero, sino el mal que no quiero: eso es lo que hago. Y si lo que no quiero, eso es lo que hago, ya no soy yo el que lo hace, sino el pecado que hay en mí. Quiero hacer el bien y me encuentro haciendo el mal.
>
> *Rom 7,18-21*

Ante esta constatación, ante la dificultad de tomar decisiones, pedimos a Dios que nos ayude. Pero cuidado: no le pedimos que nos sustituya, que actúe Él en nuestro lugar (Dios siempre nos trata como adultos), sino que nos ayude a discernir, ante las diferentes opciones, para que no nos alejemos de su presencia.

Traducciones

La traducción italiana ha querido sustituir el antiguo «no nos hagas» por «no nos abandones» para evitar la idea de que Dios nos empuja hacia la tentación. El cardenal Betori explicaba:

> No es la traducción más literal, pero sí la que más se acerca al contenido real de la oración. Porque en

italiano el verbo inducir no es el equivalente del latín *inducere* o del griego *eisferein,* sino algo más. Nuestro verbo es constrictivo, mientras que los términos en latín y griego tienen un valor concesivo: en la práctica, dejar entrar.

La traducción actual es intencionalmente más amplia. «No nos abandones en la tentación» puede significar «no nos abandones para que no caigamos en la tentación», pero también «no nos dejes, no nos abandones, cuando ya hayamos caído en la tentación». Tiene, pues, una mayor riqueza de significado, porque pedimos a Dios que se quede a nuestro lado y nos proteja tanto antes de caer en la tentación como cuando ya estamos en ella[1].

La vida, los sufrimientos, los demás, nosotros mismos, el Maligno, y no Dios, son los que nos inducen a la tentación.

Pedimos al Padre que no nos deje en la tentación, que no nos deje solos en nuestras decisiones, en el discernimiento. Necesitamos el pan, necesitamos el perdón y necesitamos toda la ayuda de Dios para ejercitar de la mejor manera posible nuestra libertad.

Somos extraordinaria y trágicamente libres porque somos amados, como hemos repetido varias veces. Precisamente porque somos conscientes de

---

[1] M. Muolo, «II *Padre nostro,* ecco come cambia in italiano. Entrevista a Betori», en *Avvenire* (10 de diciembre de 2017), en https://bit.ly/3OReX65 (último acceso, 29 de agosto de 2023).

la dificultad de comprender, de discernir, pedimos al Padre que nos ayude.

Discernir

Decidir es, por tanto, asunto nuestro. Y tenemos todos los instrumentos para hacerlo: frecuentando la Palabra, entrenando nuestra inteligencia, forjando nuestra voluntad después de haber recibido la buena noticia del Evangelio. Cuando encontramos el anuncio y lo aceptamos, primero con timidez, luego con una convicción y alegría cada vez mayores, nos damos cuenta de que nuestra vida se transforma: confiamos en todo lo que nos dice el Señor y, sin obsesionarnos con la coherencia, orientamos nuestras decisiones hacia el bien y el amor. La cotidianidad se convierte en reflejo de nuestra búsqueda y de la alegría que estamos descubriendo y, necesariamente, nos encontramos frente a decisiones que tomar.

Ser discípulos significa adoptar la mirada de Dios sobre el mundo, sobre las personas, sobre nosotros mismos. Como decíamos, siguiendo a Jesús descubrimos el misterio oculto a lo largo de los siglos, el deseo de salvación de Dios, su proyecto de amor para la humanidad. Y decidimos participar, con alegría, en la medida de nuestras capacidades.

Me resulta imposible odiar, aprendo a perdonar, no puedo vivir en la mentira y en el engaño. Soy consciente de mis limitaciones, que ya no me asustan. Las limitaciones no son ya un lazo que me ata al suelo y me impide volar, sino el ámbito seguro en el que moverme.

Cuando me doy cuenta de que he dicho o he hecho algo que me aleja del proyecto que Dios tiene para mí, pido simplemente perdón a Dios y a los demás.

Aprendiendo a orar todos los días, con la Palabra ofrecida a toda la Iglesia, adquiriendo la buena costumbre de orientar mi jornada al bien y, antes de descansar, encomendando al Señor todas las personas con las que me he encontrado, dándole gracias y alabándole, nace por fin en mí un nuevo modo de ver las cosas, de vivir la vida.

Si me atrevo, también frecuento un grupo, o —aunque esto es siempre más difícil— me dejo ayudar por un director espiritual que me ayude periódicamente en el discernimiento.

Hoy es difícil seguir siendo discípulos, no acomodarse con una fe superficial que en realidad no influye en nuestras decisiones: hace falta un auténtico entrenamiento (una *ascesis,* en griego). Pero merece la pena.

Tentación

Pedimos sobre todo a Dios Padre/Madre que nos ayude a comprender qué está bien y qué está mal, qué nos lleva a la vida y qué nos conduce a la muerte.

La tentación es ambigua. El mal, para hacerse aceptar, se disfraza siempre de bien: ¡nadie querría beber de una botella cuya etiqueta indicara claramente que contiene veneno!

Y no solo eso: a veces la tentación llega de los acontecimientos de la vida, no de la elección entre el bien y el mal. Cuando estamos abrumados por el dolor, por la enfermedad, corremos el riesgo de perder la fe, de hundirnos en nuestra desesperación, de dejar que sean las tinieblas las que hablen a nuestro frágil corazón.

Y oramos: *Cuando el mal está a las puertas, el mal que es la enfermedad, el mal que son las tinieblas del inconsciente, el mal que es la consecuencia de nuestras decisiones equivocadas, Señor, no nos abandones, no nos dejes.*

¡Es extraordinario que sea precisamente Jesús quien nos enseña a orar de este modo!

El discípulo no está eximido del sufrimiento y de la tentación, como tampoco lo estuvo el propio Jesús. En esos momentos oramos con mayor intensidad, como hizo Jesús en el Huerto de los Olivos, para pedir ayuda, para pedirle que no cedamos, como Él, lo hizo tan espléndidamente.

En este «no nos dejes caer en la tentación» hay tanta fe, tanta esperanza, tanta confianza.

Y si hemos caído en el pecado le decimos al Padre: no dejes que desesperemos, que nos creamos indignos de ser perdonados, como hizo el apóstol Judas pensando que se había perdido.

Cuando las tinieblas nos atenacen, extiende la mano, mándanos un signo, o diez, o cien, danos un bofetón, un gallo que cante, envía un ángel custodio que nos haga tropezar para caer no en la desesperación, ¡sino en tus brazos!

El Maligno

Hoy se habla mal y fuera de lugar sobre el diablo. Se ha convertido en una especie de héroe romántico, exaltado por algunos, temido por otros. Una figura terrible que suscita curiosidad e interés, erigido en enternecedor modelo del mal por una fuerte corriente de pensamiento, que ha cautivado, sobre todo, a los adolescentes. Basta con mirar a nuestro alrededor: géneros musicales que transmiten mensajes explícitamente violentos, películas que presentan demonios y endemoniados a más no poder, y, recientemente, best-sellers que implican a famosos exorcistas...

El diablo fascina. Y vende. Asusta, atrae, inquieta. Y tranquiliza las conciencias.

Sí, lo has entendido bien: la excesiva atención al diablo lo favorece, paradójicamente, y, lo que es peor, altera la visión bíblica sobre la tentación. Cargando de excesiva importancia al mal a expensas del bien, corremos el riesgo de eximir de responsabilidad a la conciencia y a las decisiones personales. Y esto sucede incluso en los hogares católicos, ¡y con las mejores intenciones!

¡Cuántas veces me he encontrado frente a personas que atribuyen al diablo situaciones negativas que ellos mismos han contribuido a crear! Corremos el riesgo de echar la culpa al mal, disminuyendo u olvidando nuestra evidente responsabilidad. En lugar de iniciar un serio y fecundo camino de introspección, guiado por el Espíritu, reflexionando sobre nosotros mismos a la luz de la Palabra, hemos simplificado la vida espiritual atribuyendo al diablo nuestra falta de voluntad.

Como si fuésemos marionetas esclavas de nuestros instintos, de nuestras pasiones, de nuestra debilidad. Como si siempre y únicamente nos viéramos arrastrados por los acontecimientos. Como si una fuerza invencible y desconocida nos llevara donde no queremos.

No, no es así: esta es una visión infantil y estereotipada de la realidad, que presenta al ser humano como un incapaz. No somos marionetas: somos personas dotadas de inteligencia y voluntad.

Lucha interior

Una vida sana de fe presupone una continua lucha interior, el discernimiento entre lo constructivo y lo destructivo, porque el mal se disfraza siempre de bien.

La obra del Maligno (que existe, y es menos torpe y caricaturesco de lo que imaginamos) consiste precisamente en enturbiar el agua, en dar la vuelta a la tortilla, en aumentar los detalles en detrimento de la visión de conjunto, en disminuir o desdibujar las consecuencias catastróficas de nuestras decisiones. El diablo nos hace creer que somos peores de lo que podemos realmente ser. Y que es inevitable. O que somos mejores que todos los que viven a nuestro alrededor: en el fondo, yo no robo, ni asesino…

Es una batalla que nos tiene como protagonistas. No hay un ataque inesperado, no nos despertamos un día «poseídos». No hemos de molestar al diablo con nuestras tentaciones: somos capaces de meternos en el agujero nosotros solitos. Como escribe espléndidamente Claudel, «dejemos las tentaciones a los santos». A nosotros, mediocres, ¡nos basta con el día a día para meternos en problemas!

En este sentido la Escritura es mucho más sana y equilibrada respecto al pensamiento común actual: afirma la existencia del Maligno, que actúa y opera influyendo sobre el ser humano, pero el ser humano es libre de decidir y de actuar en favor del bien.

Somos increíble y espectacularmente libres de elegir.

Un hombre fuerte

¡El propio Jesús fue acusado de estar endemoniado! Porque sus adversarios no conseguían aceptar (y sosegarse con) el hecho de que Él liberase de los poderes de las tinieblas. Jesús les respondió ofreciendo una extraordinaria interpretación sobre la dinámica del Maligno en la vida espiritual:

> Cuando un hombre fuerte y armado guarda su palacio, está segura su hacienda. Pero si sobreviene otro más fuerte que él y lo vence, le quita las armas en que confiaba y reparte todos sus bienes. El que no está conmigo está contra mí, y el que no recoge conmigo desparrama. Cuando el espíritu inmundo sale de un hombre, anda por lugares áridos buscando descanso y, al no encontrarlo, se dice: «Volveré a mi casa, de donde salí». Al volver, la encuentra barrida y arreglada. Entonces va y trae consigo otros siete

espíritus peores que él, entran todos y se instalan allí. Así el estado final de aquel hombre resulta peor que el primero.

Lc 11,21-26

No, Jesús no actúa por obra del diablo, ¡figurémonos! ¡Sus adversarios no saben ya a qué aferrarse para negar la fuerza de su profecía! Y Jesús, en lugar de ignorar una objeción tan mezquina, dedica tiempo para razonar: ¿cómo puede Satanás expulsar a Satanás? Pero ¿qué lógica es esa? ¡Destruiría su reino!

Jesús aprovecha el tema para hablarnos de la relación entre el discípulo y el diablo, que existe y que es mucho menos fascinante de lo que la modernidad describe con grotescas expresiones. El mal existe y actúa, disfrazándose de bien, continuamente. Y lo hace poniendo duramente a prueba nuestra libertad, haciéndonos creer que el pecado no existe y que, si existe, tiene que ver con cosas insignificantes y con los demás.

Con humildad acogemos a Cristo, hombre fuerte, para que vigile la pequeña morada de nuestro corazón. Vivimos siendo conscientes de nuestros límites, sin aspirar a inverosímiles vidas heroicas. Y los defectos que admitimos nos son útiles para permanecer en esta idea.

Jesús, entonces, advierte a sus propios discípulos para que luchen, para que se mantengan fuertes ante la tentación, gracias a la oración. Además, invita a los muy devotos a no exagerar: llegar a ser santos no significa no pecar, y hay una sutil y terrible forma de santo egocentrismo que nos hace desear no tener pecado. Pésima idea, dice Jesús: una casa demasiado bonita y limpia atraerá la atención de muchos otros demonios.

Batallas

El Maligno existe, y trabaja para mantenernos alejados de Dios.

La fe nos sosiega: la guerra entre luz y tinieblas ya ha sido vencida por Cristo resucitado de entre los muertos. Lo que estamos viendo son las últimas escaramuzas de un Maligno derrotado y debilitado; esta certeza nos acompaña también cuando vemos que la miseria, la violencia, la guerra, la injusticia, parecen prevalecer.

Necesitamos el pan, el perdón, la ayuda de Dios en la tentación. Y el don de la libertad.

El discípulo vive la experiencia del Maligno en la cotidianidad. No es necesario sacar el tema de los endemoniados, pero sentimos que somos frágiles ante la tentación: ¿y si tuviese razón el que es egoísta?, ¿quién usa la violencia y el atropello?, ¿quién hace de su vida personal una locura narcisista y hedonista?

Por eso pedimos al Padre: «Líbranos del mal». De todo mal, de todo lo que nos hace daño. El mal es la sombra de la luz, la otra cara de nuestra dignidad, la posibilidad de equivocarnos.

«Líbranos del mal» significa aceptar que la realidad del pecado habita en nuestra vida pero no la posee; la halaga y le hace daño, pero no acaba con ella, porque nosotros pertenecemos al Señor.

En Cristo somos criaturas nuevas, estamos libres de las sombras para llegar a ser libres para amar como él nos ha enseñado. En este tiempo de en medio, en el que ya sentimos el Reino pero también nuestras contradicciones, pedimos al Padre que nos haga personas libres, que no temamos las tinieblas, que vivamos, en la medida de lo posible, en la dignidad de descubrirnos hijos e hijas.

Amén

Amén lo añado yo. En hebreo significa: así es, lo sé, estoy seguro de ello.

Es una profesión de fe en el Dios que Jesús nos ha revelado. Y en Jesús, a quien no consideramos tan solo como un hombre valiente, un genio, un místico, un profeta. Sino como al Hijo mismo de Dios, venido a la tierra para convertirnos al Padre, para llevarnos hasta Él, para hacer que nos alejemos de las numerosas (demasiadas) visiones mezquinas que incluso nosotros, los católicos tenemos.

Al darnos la oración del *Padrenuestro,* la más preciosa, la única que dio el Maestro, nosotros, los discípulos, crecemos conociendo la identidad profunda de Dios. Y también la nuestra.

No basta con rezar esta oración.

Hay que meditar sobre ella, como hemos tratado de hacer en estas páginas.

Si no la recitamos distraídamente, poniendo el piloto automático, superando la idea de la fórmula casi mágica, sino saboreando cada palabra, cada invocación, seremos capaces de crecer en el profundo y luminoso conocimiento de Dios.

Y, con ello, hacemos posible el Reino que viene.

Índice